INHALT

W0084549

ENTDECKEN SIE DIESE INSELN!

Unsere Top 15 führen Sie an die traumhaftesten Orte und zu den spannendsten Sehenswürdigkeiten

Die Highlights sind in der Karte auf dem hinteren Umschlag eingetragen

 Biike-Brennen
Mit großen Feuern treiben die Nordfriesen den Winter aus. Grünkohl und Schnaps wärmen anschließend die ausgekühlten Glieder (Seite 22)

Konzerte des Schleswig-Holstein Musik Festivals
Wunderbare Konzerte locken Musiklieb-haber auch in die St.-Nicolai-Kirche in Boldixum auf Föhr (Seite 23)

 Jahrmarkt
Seit bald 300 Jahren der Renner auf Föhr. Ein Jahrmarkt wie aus dem Bilderbuch (Seite 23)

 Kniepsand
Ein Geschenk des Meeres ist diese zum Strand gewordene Sandbank (Seite 30)

 Leuchtturm
Ihn zu erklimmen ist anstrengend, aber der traumhafte Blick übers Meer und Amrum entschädigt dafür (Seite 42)

Nieblum
Wer dieses Friesendorf nicht gesehen hat, der kennt Föhr nicht (Seite 48)

Museum „Kunst der Westküste"
Das neue Kunstmuseum ist in seiner Gesamtkonzeption ein Juwel und eine echte Bereicherung der norddeutschen Museumslandschaft (Seite 53)

St. Laurentii
Im Dorf Süderende steht die schönste Kirche Föhrs. Die Grabsteine drumherum erzählen Geschichten (Seite 56)

> DIE BESTEN MARCO POLO HIGHLIGHTS

Carl-Haeberlin-Straße
Jeder Filmregisseur hätte an der historischen Gasse mit den Kapitänshäuschen in Wyk auf Föhr seine helle Freude (Seite 59)

Dr.-Carl-Haeberlin-Friesenmuseum
So gut wie alles über die Friesen, ihre Geschichte und das Land, in dem sie leben, in Wyk auf Föhr: Geologie und Vorgeschichte, insulares Handwerk und Volkskunde, Seefahrt und Auswanderung, Walfang und Vogelkojen (Seite 59)

Der Pharisäer-Hof
In dem sehenswerten Haus auf Nordstrand wurde der Pharisäer erfunden. Heute gibt's dort Kaffee mit und ohne Schuss (Seite 69)

St. Salvator/Alte Kirche
Die Turmruine ist das Wahrzeichen der Insel Pellworm und bei guter Sicht sogar von Amrum aus zu erkennen (Seite 76)

Königspesel
In einem prächtigen Alkoven auf Hooge nächtigte einst der Dänenkönig Friedrich VI. (Seite 84)

Oland
Auf der schönsten Hallig leben Einheimische und Gäste auf der einzigen Warft wie in einem Dorf (Seite 87)

In der Welt der Halligen
Mit dem Schiff und zu Fuß: auf einzigartige Weise das Wattenmeer erleben (Seite 91)

WAS FÜR INSELN!

Hallig Hooge, Kirchwarft

AUFTAKT

> „Wie Träume liegen die Inseln im Nebel auf dem Meer" – so beschrieb der Dichter Theodor Storm den Blick auf die Halligen. Ganz anders bei klarer Luft, dann erscheinen sie gestochen scharf, zum Greifen nah. So dicht beieinander liegen die Inseln und sind doch so verschieden: Nordstrand – fast noch Festland, Pellworm – die Häuser hinterm Deich, die Halligen – winzig zum Teil, verloren im Meer, Amrum – Dünen, breiter Strand, Föhr – grün, mit bildhübschen Friesendörfern. Alle umgeben vom Wattenmeer, diesem weltweit einzigartigen Naturraum, den Sie auf dem Weg zu diesen Nordseeperlen durchqueren.

> Glühender Lokalpatriotismus ist nicht nur bei den Insulanern, sondern auch bei den Touristen zu finden. Viele schwören auf „ihre" Insel. Amrum-Fans begeistern sich jedes Jahr aufs Neue für die Einmaligkeit von Dünen und Kniepsand und halten Sylt für abgehoben und die übrigen Inseln und Halligen für langweilig. Und wer jedes Jahr über die schöne grüne Insel Föhr spaziert, hat nur ein mildes Lächeln übrig für die dünenbesessenen Amrum- und Sylt-Fahrer. Halligurlauber wiederum können sich nichts Erholsameres vorstellen als Abgeschiedenheit und Ruhe. Kurzum, Bewohner und Besucher sind sich einig: Ihre Insel, ihre Hallig ist der schönste Fleck in der Nordsee.

Es sind Individualisten, die hier leben und Urlaub machen. Man kommt wegen der guten Luft, des Naturereignisses Nordsee und ist eher froh über das bescheidene Angebot an abendlicher Unterhaltung. Spaziergänge auf dem Deich, barfuß durch das riffelige Watt, Tage im Strandkorb, ein erfrischendes Bad im Hochsommer, Muscheln sammeln – wer die Nordsee mit ihren vielen Gesichtern liebt, ist im Urlaub vollauf mit ihr beschäftigt.

Einmalig ist die geologische Geschichte der Inseln und Halligen. Ihre heutige Form entstand erst vor rund 500 Jahren. Und die Nordsee arbeitet weiter. Ständig verändern sich Wattenmeer und Inseln. Jedes Jahr müssen die Pricken, junge Birken, die die

> **Wattenmeer und Inseln verändern sich ständig**

Ströme durchs Watt für die Schiffe markieren, neu gesetzt werden. Die Geest von Amrum, Föhr und Sylt bildeten Gletscher, die in der Eiszeit Sand und Gestein vor sich herschoben. Der Anstieg des Meeresspiegels machte Sylt, Amrum und Föhr allmählich zu Inseln. Seit etwa Christi Geburt sind sie vom Festland ge-

Sonne, Sand, Stabhochsprung: Spaß am Südstrand von Wyk auf Föhr

trennt. Nordstrand, Pellworm, Nordstrandischmoor und die Hamburger Hallig waren bis zur Marcellusflut am 16. Januar 1362 Teil des Festlands. Die „Manndränke" genannte Flut riss Tausende Menschen und Tiere in den Tod. Ungefähr dort, wo heute die Hallig Südfall liegt, ließ die Sturmflut das sagenumwobene Rungholt untergehen und neue Inseln entstehen. Pellworm gehörte nach dieser Flut zu der hufeisenförmigen Insel Strand. In der Nacht zum 12. Oktober 1634 verschlang die Burchardiflut große Teile von Strand. Über großen Teilen des untergegangenen Landes bildete sich Watt, in dem bei Ebbe immer noch Spuren früherer Besiedlung zu finden sind.

Zu Landverlusten trug die Inselbevölkerung eine Weile selbst bei. Vom 11. bis zum 18. Jh. wurde Torf in der vom Salzwasser getränkten Marsch abgetragen und zur Salzgewinnung verbrannt. Die Salzsieder gruben sich

und ihren Nachkommen im wahrsten Sinne des Wortes ein Grab. Der Torfabbau und die Entwässerung der Marsch ließen das Land absacken und begünstigten damit Schäden durch den stetig steigenden Meeresspiegel und Sturmfluten. Große Teile von Nordstrand und Pellworm liegen unterhalb des Meeresspiegels und wären ohne Deiche verloren.

Ackerbau und Viehzucht waren auf den unfruchtbaren Geestböden und den immer wieder überschwemmten Marschen bis zur sicheren Eindeichung nur wenig ertragreich. Eine Alternative bot die Salzsiederei. Im

> Inselfriesen: vom Walfang zum Tourismus

17. Jh. eröffnete sich eine neue Erwerbsquelle, der Walfang. Die Holländer schickten Schiffe ins nördliche Eismeer zum Robben- und Walfang, und ihre Besatzungen kamen von den Nordfriesischen Inseln und Halligen. Als gute Seefahrer und geschickte Harpuniere brachten die Walfänger so reichen Lohn zurück, dass diese Epoche auch das „goldene Zeitalter" genannt wird.

Die Schiffsreisen in alle Welt machten aus den so abgeschieden lebenden Inselfriesen ein weltoffenes und zeitweise auch wohlhabendes Völkchen. Schätze und fremde Gewohnheiten brachten sie mit nach Hause. Die enge Verbundenheit der Seefahrer mit den Holländern hat deutliche Spuren hinterlassen, noch heute zu sehen in den Friesenhäusern mit ih-

WAS WAR WANN?

um 0 Klimaveränderungen lassen den Meeresspiegel um etwa 2 m steigen. Marschen und Moore im heutigen Wattenmeer werden überflutet

8.–10. Jh. Friesen, aus dem Westen kommend, und Wikinger aus dem Norden lassen sich auf den Inseln nieder

1231 Erste urkundliche Erwähnung Föhrs und Amrums, das zu Dänemark gehört

Jan. 1362 Die Marcellusflut, Große Manndränke genannt, kostet 100 000 Menschen das Leben

1426 In der St.-Nicolai-Kirche auf Föhr geben sich die Friesen erstmals geschriebene Gesetze

Okt. 1634 Bei der Burchardiflut ertrinken mehr als 6000 Menschen. Aus der Insel Strand werden Nordstrand, Pellworm und einige Halligen

17. Jh. Die „goldene Zeit" des Walfangs beginnt

19. Jh. Tausende Inselfriesen wandern aus in die Neue Welt

1819 Wyk wird Seebad

Feb. 1962 Eine Sturmflut richtet auf Inseln und Halligen schwere Schäden an

1985 Einrichtung des Nationalparks Schleswig-Holsteinisches Wattenmeer

Okt. 1998 Der Frachter „Pallas" strandet vor Amrum; auslaufendes Öl verursacht Umweltschäden

2002 3338 Seehunde im schleswig-holsteinischen Wattenmeer sterben am Staupevirus

2008 Deutschland und Holland beantragen, das Wattenmeer in die Liste des Unesco-Weltnaturerbes aufzunehmen

ren blau-weißen Fliesen. Als die bis dahin großenteils dänischen Inseln 1864 nach dem deutsch-dänischen Krieg sämtlich zum Deutschen Reich gehörten, wanderten viele Inselfriesen nach Amerika aus. Zu Beginn des 19. Jhs. waren die erfolgsgewohnten Friesen in wirtschaftliche Not geraten, da der Walfang für sie durch englische Konkurrenz nicht mehr möglich war und die Handelsschifffahrt durch die napoleonischen Kriege und den englisch-dänischen Krieg endgültig zum Erliegen kam. In der zweiten Hälfte des 19. Jhs. zog mehr als die Hälfte mancher Jahrgänge fort aus der Armut in die Neue Welt. Wie eng die Verbindung dorthin geblieben ist, zeigte sich nach den Terroranschlägen vom 11. Sept. 2001. Vereine und Unternehmer von Amrum, Föhr und Sylt taten sich spontan zusammen, um 50 New Yorker Feuerwehrleute zur Erholung einzuladen.

Mit dem Ende der Seefahrt sicherten Ackerbau und Viehzucht den Lebensunterhalt. Auch heute, nachdem viele Ställe zu Wohnungen umgebaut worden sind – „Kuh raus, Kurgast rein" –, spielt die Viehzucht immer noch eine wichtige Rolle. Große Schafherden grasen auf den Salzwiesen und Deichen und erfüllen so eine wichtige Funktion im Inselschutz, indem sie die Deiche festtreten und das Gras niedrig halten.

Was einst die Fremdenzimmer waren, sind heute Ferienwohnungen und -häuser. Das Angebot reicht von einfachen Wohnungen bis zu luxuriösen Häusern. Die meisten sind vor allem zweckmäßig für Familien eingerichtet. Hotels und Pensionen gibt es vergleichsweise wenige.

> **Zuerst kamen Künstler auf die Inseln**

Die Entwicklung zu Badeorten verlief auf den Nordfriesischen Inseln

men Auftrieb. Es dauerte lange, bis Wyk Konkurrenz bekam. Die Dünenlandschaft von Amrum und Sylt galt damals als „öde und unfruchtbar, wie der glühende Sand der Sahara". Und erst 1855 wurde auch in Westerland auf Sylt ein Bad eingerichtet. Und im Jahr 1900 warb die dortige Seebade-Direction selbstbewusst: „Stärkster

Ganz schön jung: Die Borgsumer Mühle auf Föhr wurde erst 1991 gebaut

sehr unterschiedlich. Zunächst waren es Schriftsteller und Maler, die fasziniert waren von der Nordsee und ihrer Inselwelt. Dann propagierten Ärzte die gesundheitlichen Vorzüge der Region. In Wyk entstand 1819 das erste Badehaus. In der ersten Saison kamen 61 Gäste. Als der dänische König Christian VIII. Mitte des 19. Jhs. mehrmals in die Sommerfrische nach Wyk auf Föhr reiste, gab das dem neuen Erwerbszweig enor-

Wellenschlag der Westküste. Unvergleichlich schöner Strand."

Zwischen den Inseln und Halligen besteht von April bis Oktober ein reger Ausflugsverkehr. Über die größte Nordfriesische Insel informiert Sie der MARCO POLO Band „Sylt". Die Attraktionen des Festlands bringt Ihnen der MARCO POLO Band „Nordseeküste Schleswig-Holstein" näher.

▶▶ WAS IST ANGESAGT?

Trends, Entdeckungen und Hotspots. Unser Szene-Scout zeigen Ihnen, was auf Amrum und Föhr los ist

Burkhard Frantzen

Unser Szene-Scout fühlt sich auf der Insel Föhr so wohl, dass er vor einigen Jahren beschlossen hat, dort zu wohnen. Als Hobbyfotograf kann er von der Natur und den Menschen dort gar nicht genug kriegen. Außerdem betreibt Burkhard Frantzen das Inselinformationsportal *www.foehr-digital.de.* Klar, dass er immer weiß, was gerade Trend ist.

▶▶ NEUE KUNSTFORM

Kreativ mit Treibgut

Was das Meer zutage spült, ist oft alltäglich, manchmal kurios. Auf Amrum und Föhr schaffen Kreative daraus eigenwillige Kunstwerke: Der Künstler Pancho nutzt das Strandgut, um eine skurrile Burg zu bauen. Sein Baumaterial: ausgelatschte Turnschuhe, alte Putzeimer oder auch ein angeschwemmtes

Surfbrett *(Kniepsand/Amrum,* Foto). Die Skulpturen des Utersumer Künstlers Dr. Zschucke dagegen bestehen ganz simpel aus Stein. Dafür schichtet er auf der Insel und am Strand gefundene Natur- oder Feldsteine übereinander und versieht sie dabei mit Gesichtern und Symbolen. Betritt man seinen Garten, fühlt man sich wie in einer indianischen Kultstätte *(Waaster Jügem, Utersum/Föhr).* Bei Steinmetz Markus Thiessen *(Süderende 1004, Süderende/Föhr)* dreht sich alles um in Stein gehauene Kunst. In seiner Werkstatt erstellte er zum Beispiel den Gezeitenbrunnen für den neu gestalteten Wyker Sandwall. Dort wird der Verlauf der Gezeiten in der nordfriesischen Inselwelt zeitlich gerafft nachempfunden. Viele seiner Exponate kann man rund um seine Werkstatt bewundern.

ISZENE

▶▶ JOY OF JAZZ

So swingt die Insel

Staubtrockene Kurkonzerte? Fehlanzeige auf Föhr. Hier wird gejazzt! Mit dem *Public Rehearsal Jazz Quartet (www.public-rehearsal.de)* hat die Insel Föhr eine groovige Jazzband hervorgebracht, die den Zuhörern ordentlich einheizt. Jazz in echter Clubatmosphäre erlebt man im *Kulturtreff* in Wyk auf Föhr *(Feldstraße 36)*. Der Club wartet mit Livemusik im modernen Ambiente und vielen interessanten Künstlern auf. Das Highlight des Jahres: *Jazz goes Föhr (www.jazz-goes-foehr.de)*, ein Festival, bei dem auch international bekannte Künstler, u. a. das *Cécile Verny Quartett* und *Quadro Nuevo* (Foto), in Cafés, auf lokalen Bühnen oder auch direkt auf der Strandpromenade auftreten.

▶▶ ACTION-GOLF

24 Stunden Extremgolfen

Golfen ist entspannend, doch Cross-Golf bringt Action! Und die Inseln haben in Sachen Extremgolfing einiges zu bieten: Partys, ein Watt-Turnier von Amrum nach Föhr und sogar einen 24-Stunden-Cross-Golfplatz! Hier stehen den Actionfans 3 x 6 Bahnen rund um die Uhr offen. Wer Hilfe benötigt, bekommt die ersten Schlagversuche auch gerne kostenlos gezeigt *(Buurnstrat 16, Oevenum, Foto)*. Jedes Jahr findet der *Fiete Föhr Cup*, das nördlichste Cross-Golf-Turnier Deutschlands auf 6 ha Fläche, statt. Clubinternes Highlight ist das Turnier von Amrum nach Föhr direkt durchs Watt. Wer mit den wenigsten Schlägen auf Föhr ankommt, hat gewonnen *(www.fiete-foehr-cup.de)*. Gut zu wissen: Der Vorsitzende des Föhrer Cross-Golf-Clubs *Par-Tee-People* Salvatore Di Costanzo heißt Gäste immer herzlich willkommen.

▶▶ SURFEN MAL ANDERS

Kiten de luxe

Was macht einen Trendsport an den Stränden der nordfriesischen Inseln aus? Ganz klar: ein Board und ein Drachen. Kiten hat nun auch auf Föhr und Co. Einzug gehalten. Die *Nieblumer Windsurfingschule (Jens-Jacob-Eschel-Straße 27, www.nws-foehr.de)* ist der erste Anlaufpunkt, wenn es darum geht, die besten Tricks und Kniffe auf dem Kiteboard zu lernen. Bisher einzigartig: Kiten für Rollstuhlfahrer. Für alle, die auch zu Hause vom Kiten nicht genug bekommen, gibt's die *Amrum Surf Community (www.amrumsurfers.de)*. Auf deren Seite kann man immer die neuesten Fotos ansehen und holt sich Infos zu Kite-Events auf Amrum. Übrigens: Könner und Profis treffen sich am Nebeler Strand.

▶▶ BIO GANZ MODERN

Alles aus der Natur

Bio und alles, was dazugehört, hat die Inseln erreicht. Neuerdings entstehen immer mehr Konzepte, um einheimische Bioprodukte besser vermarkten zu können. In der *Spezialitäten-Kiste (Wilhelmstr. 8, Wyk auf Föhr)* werden die Erzeugnisse modern und trendig präsentiert und lassen so das Image von Reformhäusern hinter sich. Die stylish verpackten Weine werden direkt vom Winzer geliefert, zudem gibt's raffinierte Gewürze und interessante Senfsorten. Vor Ort darf man auch probieren. Die Föhrer Hofmolkerei *Eilun Moolk (zwischen Klein Dunsum und Dunsum, www.eilunmoolk.de,* Foto*)*, ein Zusammenschluss dreier Landwirtschaftsbetriebe, baut auf „Slow Milk". Die Produkte – von Milch über Joghurt bis hin zu Schafskäse – werden meist direkt vom Hof aus angeboten. Interessant: Die Molkerei in Dunsum kann auch besichtigt werden.

▶▶ ABHÄNGEN IM SAND

Szenekneipen am Strand

Die neuen In-Lokale der Inseln siedeln sich auf den Uferpromenaden und an Stränden an. Gefeiert wird samstags auf der Beach-Party im *Schapers* am Süd-strand in Wyk. Die Atmosphäre bei Drinks, Snacks und freiem Blick aufs Meer ist entspannt *(Ende Strand-straße auf der Promenade, www.schapers.info,* Foto). Auch im *Pitschies (Ende Fehrstieg auf der Pro-menade)* verfolgt man ganz leger mit einem Cocktail in der Hand das Treiben am Strand. Absoluter Kult: der Imbiss *Hooger Fähre (Tel. 04844/99 07 99)* am Fähranleger auf Hallig Hooge. Hier bekommt man zur Currywurst auch die News vom Tage serviert!

▶▶ UNIQUE WEDDINGS

Eldorado für Romantiker

Heiraten steht hoch im Kurs. Dabei soll der Tage der Tage nicht nur der schönste, sondern auch der ungewöhnlichste im Leben der Brautpaare sein. Das Motto: Je außergewöhnlicher die Location, desto besser! In Pellworm heiraten Verliebte z. B. neben Seehunden. Für Romantiker gibt's die Hochzeit unterm Sternenhimmel inklusive Mondritual *(www.inselhochzeit-pellworm.de)*! Die *MS Adler* zelebriert das Jawort auf hoher See: Die Trauung *(www.schiffstrauung.de)* wird während der Fahrt vom Nordstrander Standesbeamten durchgeführt. Unge-wöhnlich: „Heiraten bei Bürgermeisters". Die Zeremonien finden in den privaten Wohn-zimmern der Bürgermeister von Nieblum und Borgsum *(www.foehr.de)* statt.

▶▶ YOGA MIT AUSBLICK

Entspannung auf der Düne

Yoga ist der Sport der Stunde, natürlich mit insularem Einschlag! Im *Haus Eckart* werden Workshops auf der hauseigenen Düne mit Meerblick angeboten *(Mittelstraße 20, Wittdün, www.haus-eckart.de)*. Ute Hagen gibt Yoga-Einzelunterricht und schwört auf therapeutische Körpererfahrung *(Am Grünstreifen 23d, Wyk, www.wellnessurlaub-foehr.de)*. In Utersum bietet Gymnastik-lehrerin Nickelsen montags bis freitags kostenlose Yoga-Kurse am Strand. Los geht's um 8:15 Uhr, Treffpunkt: Strandübergang Kleines Kurmittelhaus.

FAUNA

Inseln und Halligen in der Nordsee
sind ein riesiges Vogelparadies. Ohne
Möwen, von der großen Silbermöwe
bis zur weißen Lachmöwe mit dem
schwarzen Kopf, ist die Nordsee
nicht zu denken. Überall vernehmen
Sie die charakteristischen lauten Ki-
biik-kibiik-Rufe der Austernfischer
mit ihren langen roten Schnäbeln und
Beinen. Auch der Kiebitz ist mit seiner schmalen Haube leicht zu identi-
fizieren. Es gibt zahlreiche Arten von
Gänsen und Enten, am auffälligsten
ist sicherlich die farbenprächtige
Brandgans. Aber auch Küsten- und
Zwergseeschwalbe und viele Watvögel wie Rotschenkel, Säbelschnäbler
und Uferschnepfe haben auf den Inseln eine Heimat.

Auf Amrum findet man eine große
Brutkolonie von Eiderenten. Manche
Tiere führen ihre Küken vom Nest

Bild: Amrum

STICH WORTE

zum weiter entfernten Watt. So kann
es durchaus vorkommen, dass Sie
aus Ihrem Wagen steigen und ernste
Worte an einige Enten richten müssen, die sich auf dem warmen
Asphalt mitten auf der Straße ein
Päuschen gönnen.

Auf den ungestörten Sandbänken
im Watt leben Seehunde und Kegelrobben. Noch einen weiteren Mee-
ressäuger kann hier antreffen, wer
geduldig Ausschau hält: Vor Amrum

und Sylt haben die Schweinswale
ihre Kinderstube.

Das Wattenmeer und die Salzwiesen der Halligen sind im Frühjahr
und Frühherbst Rastplatz für Millionen von Zugvögeln.

FLORA

Die Pflanzenwelt auf den Inseln und
Halligen ist durch die unterschiedli-
chen Böden denkbar vielfältig. Im

Watt und auf den gelegentlich überfluteten Salzwiesen lassen sich die
widerstandsfähigsten Arten finden:
Queller, Schlickgras und Strandflieder. Auf den Dünen von Amrum
gedeihen Strandhafer und -roggen.
Und auf den Geest- und Marsch-
böden wachsen u. a. Strandgras-
nelke, Wollgras und Kuckuckslicht-
nelke. Auch der streng geschützte

**Die Grabsteine der Inselfriedhöfe erzählen
Lebensgeschichten, wie hier in Süderende**

Lungenenzian und die Stranddistel
sind zu finden.

Die anspruchslosen Kartoffelrosen
wachsen überall in Dörfern und an
Straßenrändern, und die Rosenhecken
mit ihren intensiv duftenden roten oder weißen Blüten und ihren im
Herbst leuchtenden Hagebutten sind
ein schön anzusehender Teil des in-
sularen Landschaftsbildes geworden.

FRIESISCH

Woher die Friesen, die im 8. bis
10. Jh. die Inseln besiedelten, genau
kamen, ist immer noch unbekannt.
Auf jeden Fall ist ihre Sprache eine
eigenständige und nicht mit dem
Plattdeutschen zu verwechseln. Die
nächstverwandte Sprache ist Eng-
lisch. Obwohl Friesisch eine sehr
kleine Sprache ist, gibt es historisch
bedingt etwa ein Dutzend Dialekte,
die so verschieden sind, dass die
Friesen gelegentlich auf Plattdeutsch
ausweichen, um sich untereinander
verständigen zu können. Das liegt
auch daran, dass Friesisch nie eine
Schriftsprache war und sich nirgendwo ein kulturelles Zentrum bilden konnte.

In den letzten Jahren bemüht man
sich sehr, die friesische Sprache le-
bendig zu halten. In Kiel und Flensburg wurden Lehrstühle eingerichtet,
und in der schleswig-holsteinischen
Landesverfassung wird der Schutz
der friesischen Minderheit garantiert.
In den Schulen ist Friesisch Unter-
richtsfach. Mit Erfolg: In einigen Ge-
meinden Föhrs und Amrums ist es
schon wieder Alltagssprache – bei
Alt und Jung.

GEZEITEN

Etwa zwölfeinhalb Stunden liegen
zwischen den höchsten Wasserstän-
den, Hochwasser genannt. Wenn der
Meeresspiegel seinen höchsten Punkt
erreicht hat, ebbt das Wasser etwa
sechseinviertel Stunden bis zum
tiefsten Punkt bei Niedrigwasser ab.

Das Wattenmeer fällt bei Ebbe trock-
en. Nur die großen Wattenströme

führen dann noch Wasser. Der Wechsel zwischen Ebbe und Flut, die Gezeiten (Tiden), entsteht durch die Massenanziehung von Sonne und Mond. Der Höhenunterschied des Wasserspiegels zwischen Hoch- und Niedrigwasser, der Tidenhub, beträgt etwa 2,5 m.

GRABSTEINE

Die alten Grabsteine auf den Friedhöfen von Amrum und Föhr sind faszinierende historische Dokumente. Die meist aus Sandstein kunstvoll hergestellten Stelen und Platten erzählen ganze Lebensgeschichten. Um mit dem begrenzten Platz auszukommen, wurden die bildlichen Darstellungen gleichzeitig zu allgemein verständlichen Zeichen. Ein Beispiel: Schiffe, die die Grabsteine von Seefahrern zieren, wurden aufgetakelt in den Stein gehauen, wenn der Mann in jungen Jahren gestorben war. Ein abgetakeltes Schiff symbolisiert, dass er alt geworden war.

NAMEN

Die Friesen haben schöne und ganz eigene Namen, die nirgends sonst üblich sind. Oder kennen Sie einen gebürtigen Münchner namens Okke oder einen Leipziger mit dem Vornamen Broder? Neben eigenartigen Vor- und Nachnamen gibt es noch eine weitere Besonderheit, das patronymische Namensrecht, das bis zum Anfang des 19. Jhs. auf den Inseln üblich war. Der Vorname des Vaters wurde Nachname seiner Kinder. Als Vornamen wurden nach genauen Regeln die von Vater, Mutter und anderen Verwandten gegeben. Der erste Sohn von Jesse Boyens musste beispielsweise Boy Jessen heißen.

NATIONALPARK WATTENMEER

Die auf der Welt einzigartige Wattenmeerlandschaft reicht von der holländischen bis zur dänischen Nordsee-

> BLOGS & PODCASTS

Gute Tagebücher und Files im Internet

> *www.ferien-freunde-finden.de* – Forum, in dem sich Pellworm-Fans und -Gäste austauschen können. Leider nur mäßig besucht.

> *www.kuestenforum.de* – Teils topaktuelle Beiträge, die sich auch auf die Nordfriesischen Inseln beziehen.

> *www.nordsee-treff.de/blog* – Seriöse Beiträge über die ganze Region, natürlich auch über die Inseln.

> *http://frieseninsel-amrum.blog.de* – Ein Ehepaar – Neubürger in Nebel und Ferienwohnungsvermieter – berichtet über den Inselalltag auf Amrum. Zum Mitreden.

> *www.foehr-info.de* – Blog, in dem sich auch Insulaner austauschen. Nicht uninteressant, weil man so einen Einblick ins Inselleben bekommt, aber leider schlecht besucht.

Für den Inhalt der Blogs & Podcasts übernimmt die MARCO POLO Redaktion keine Verantwortung.

küste. Mehr als die Hälfte ist der deutschen Küste vorgelagert. Dieser riesige Naturraum hat ökologische Funktionen, die nirgends sonst erfüllt werden könnten. Zahlreiche Tierarten können nur im und durch das Wattenmeer existieren, Seehunde beispielsweise und Watvögel, die nur hier Nahrung finden. Das Watten-

REETDACHHAUS

Reet war einst, als es überall auf den Inseln geerntet wurde, eine preiswerte Dacheindeckung. Heute muss es importiert werden. Die St.-Clemens-Kirche auf Amrum trägt z. B. Reet aus Ungarn. Auch durch die erheblich höheren Feuerversicherungskos-

Schön und praktisch, aber kostspielig: ein neues Reetdach

meer ist außerdem Rastgebiet für Millionen Zugvögel.

1985 wurde das schleswig-holsteinische Wattenmeer zum Nationalpark erklärt und teilweise strengen Schutzbestimmungen unterworfen. Auf allen Inseln und Halligen erfahren Sie in den *Informationszentren Nationalpark Schleswig-Holsteinisches Wattenmeer* mehr dazu. *www.wattenmeer-nationalpark.de*

ten ist ein Reetdach heute viel teurer als ein Hartdach. Immer wieder fielen und fallen Reetdachhäuser Bränden zum Opfer. Auch deshalb sind unversehrte historische Dorfteile inzwischen eine Seltenheit geworden.

Die Bewohner versuchten, sich durch eine besondere Konstruktion der Dächer zu schützen. Über dem Hauseingang wurde ein Giebel gebaut. Das Reet wurde mit Hanf oder einem anderen brennbaren Faden direkt auf die Dachbalken genäht, sodass brennendes Reet vom Dachstuhl rutschte. Der Brandgiebel über der Haustür sorgte für einen freien Fluchtweg, da das brennende Reet zu dessen Seite herunterfiel. Auf Häusern mit einem sehr alten Dach erkennt man noch, dass die Firste früher mit Grassoden befestigt wurden. Weitere Merkmale der alten Friesenhäuser sind Sprossenfenster und schmiedeeiserne Maueranker, die zum Teil als Zahlen das Baujahr angeben und als Buchstaben die Initialen der Erbauer. Auf die Haustüren wurde besondere Sorgfalt verwandt. Blau-weiß, auf Amrum oft auch grün-weiß gestrichen und liebevoll verziert, sind sie oft das einladende Paradestück des Hauses.

RINGREITEN

Auf den Inseln sind Ringreitturniere wichtige sportliche und gesellschaftliche Ereignisse mit nahezu 1500-jähriger Tradition. Die Reiter müssen durch den *Galli* (zwei hölzerne Pfähle) galoppieren und dabei einen an Magneten hängenden Ring (es gibt verschiedene Größen) mit einer Lanze durchstechen und aufnehmen.

UMWELTSCHUTZ

Dünnsäureverklappung, Algenpest, Seehundsterben, die Folgen der Pallas-Havarie von 1998 – Ereignisse, die denen, die vom Tourismus leben, besonders zu schaffen machten. So ist Umweltschutz auf den Inseln konkreter als andernorts als Selbstschutz verstanden worden. Allerdings konnten auch hier nur eher kleine Schritte getan werden, denn die große Nordseepolitik wird anderswo gemacht. Auf den Inseln wurde schon früh Müll getrennt, vielerorts gibt es keine Dosengetränke zu kaufen, und es gehört zum guten Ton, statt Plastiktüten wiederverwendbare Netze oder Taschen zu benutzen. Die Wyker Dampfschiffs-Reederei hat ihre Fährschiffe mit Fäkalientanks ausgerüstet, und man versucht, den Autoverkehr zu begrenzen.

VOGELKOJEN

Besonders in der flachen, baumlosen Marsch sieht man den Wäldchen rund um die Vogelkojen an, dass sie dort nicht von selbst entstanden sind. 1730 wurde die erste Entenkoje auf Föhr, die Oevenumer, nach holländischem Vorbild angelegt. Auf Amrum entstand erst 1866 eine Koje. Der quadratische Kojenteich, umrahmt von einem Wäldchen, ist Anziehungspunkt für Enten, besonders wenn auf ihnen schon Artgenossen (Lockenten) schwimmen und sie dort gefüttert werden. In der Fangzeit, im Herbst, wurden die Enten dann in eine der vier Pfeifen, – sich verjüngende, von Netzen überspannte Wasserarme – gelockt und am Ende der Pfeife gefangen und geringelt, wie man das tödliche Halsumdrehen nennt. Auf Föhr werden die Kojen noch bewirtschaftet. In der Zeit vom 1. Sept. bis 15. Dez. werden dort etwa 250 Tiere gefangen, hauptsächlich Stockenten. Die Kojen waren einst wichtige Betriebe. In Wyk gab es sogar eine Konservenfabrik, in der die Enten verarbeitet wurden.

RINGREITEN UND RINGELGANSTAGE

Jahrhundertealte Bräuche und Feste für die Gäste

> Es gibt zwei Arten von Festen: die einen sind alter Brauch, wie z. B. die Ringreiterturniere, und bei ihnen sind die Insulaner meistens und am liebsten unter sich. Die anderen wurden vor allem für Touristen ins Leben gerufen: die sommerlichen Dorf- und Hafenfeste, Kunsthandwerkermärkte und Strandfeten. Veranstaltungsprogramme mit den Terminen gibt es bei den Kurverwaltungen.

FESTE UND VERANSTALTUNGEN

1. Januar

Beim *Neujahrsschwimmen* in *Wyk* tauchen Hartgesottene in die kalte Nordsee, während dick eingemummelte Zuschauer Punsch trinken. *Strand vor dem Wellenbad*

21. Februar

⭐ *Biike-Brennen:* friesischer Brauch mit uralter Tradition. Von Nordstrand bis Amrum wird der Winter mit Feuern ausgetrieben. Dörfer wetteifern um die größte Biike (Leuchtfeuer). Danach wärmen sich die Insulaner beim zünftigen Grünkohlessen mit geistigen Getränken.

April/Mai

⭐ *Ringelganstage auf den Halligen.* Mehrere Zehntausend Ringelgänse rasten jedes Jahr auf den Salzwiesen der Halligen. Gäste können sie beobachten – an Land, im Watt oder vom Wasser aus mit dem Segler „Ronja" (eine Woche). *www.ringelganstage.de*

Insi Tip

Mai

Rungholt-Tage auf *Pellworm:* fünf Tage Wanderungen und Schiffsfahrten auf den Spuren und zu den Überresten Rungholts
Während der *Nordfriesischen Lammtage* (Mitte Mai bis Ende Juli) werden auf allen Inseln öffentlich Schafe geschoren und spezielle Lammgerichte angeboten.

Himmelfahrt

Rund-Föhr: einmal zu Fuß um die Insel (38 km). Zur Stärkung gibt's unterwegs Erbsensuppe.

Aktuelle Events weltweit auf www.marcopolo.de/events

> EVENTS
FESTE & MEHR

Pfingsten
Tagsüber Fahrten in geschmückten Pferdekutschen, abends Tanz

21. Juni
Sonnenwendfeier auf *Amrum* mit Strandfeuern, Musik, Trachtengruppe

Juli
Föhrer Literatursommer: Lesungen und Programme rund ums Buch an verschiedenen Orten (bis Anfang Sept.)

Juli/August
Hooger Schleusenfest mit der inoffiziellen deutschen Meisterschaft im ▶▶ Optimistensegeln (ein Tag)
Pellwormer Hafenfest mit Buden und Musik (ein Tag)
Namhafte Organisten spielen auf der Arp-Schnitger-Orgel in der Alten Kirche auf *Pellworm.*
⭐ *Konzerte des Schleswig-Holstein Musik Festivals* in St. Nicolai in *Boldixum* oder einer anderen Föhrer Kirche.
www.shmf.de

August
Beim *Tauziehen über das Wyker Hafenbecken* im Rahmen des Hafenfestes kämpfen die Teams darum, trocken zu bleiben. Danach Party auf einer Fähre

Insider Tipp

September
Amrumer Muscheltage: Köche kreieren Speisen rund um die Miesmuschel.
Rund um Amrum: Volkslauf über 28 km, davon 15 km über den Kniepsand

Oktober
Der ⭐ *Jahrmarkt* in *Wyk* ist seit 1710 der Höhepunkt des Jahres für alle Insulaner (drittes Oktoberwochenende).

Silvester
Rummelpottlaufen: Verkleidete Kinder und Erwachsene ziehen von Haus zu Haus, wünschen ein gutes neues Jahr und werden dafür mit Süßigkeiten bzw. einem Schnaps belohnt. Ruhe vor Knallkörpern haben Sie auf ganz Amrum. Auf Föhr ist das Knallen nur an einem Strandabschnitt in Wyk erlaubt.

> KRABBEN UND SALZWIESENLAMM

Rote Grütze erfrischt an heißen Sommertagen. Bei Kälte helfen Teepunsch oder Pharisäer

> Die nordfriesische Küche ist eher deftig als fein. Aber neben relativ schwer verdaulichen Kohlgerichten finden Sie auch zarte Köstlichkeiten wie Muscheln, Krabben (korrekt: Nordseegarnelen), Schollen und rote Grütze auf den Speisekarten. Allerdings werden Sie spüren, wie gut Küche und Appetit zusammenpassen. Die Seeluft macht tüchtig hungrig, und dazu passen ordentliche Portionen Bratkartoffeln mit Matjestopf besser als feine Häppchen.

Ein besonderes, wenn auch zunächst nicht unbedingt sättigendes Vergnügen sind eigenhändig entschalte Krabben, möglichst direkt vom Kutter im Hafen. Krabbenpulen nennen die Norddeutschen diese Fingerfertigkeit voraussetzende Tätigkeit. Man fasst die Krabbe mit Zeigefinger und Daumen der linken Hand am Kopfende und dreht mit Zeigefinger und Daumen der rechten Hand den Schwanz der Krabbe hinter der

ESSEN & TRINKEN

ersten Panzerrille so lange hin und her, bis die Hülle leicht abzuziehen ist. Den Kopf hält man weiter fest und zieht die Krabbe, wiederum mit einer leichten Drehung, nach hinten weg. Und das Üben lohnt sich: Auch auf den Inseln sind gepulte Krabben erheblich teurer als solche „in Schale".

Delikat sind die Gerichte vom Salzwiesenlamm. Da das Gras, mit dem sich die Schafe auf den Inseln ernähren, im Winterhalbjahr gelegentlich überflutet wird, ist das Fleisch der Salzwiesenlämmer besonders aromatisch. Erst in jüngerer Zeit haben die Inselbauern entdeckt, dass man nicht nur das Fleisch des Schafs vermarkten kann: So ist z. B. der nur auf der Insel erhältliche <mark>Föhrer Schafskäse,</mark> den es in einigen Restaurants überbacken gibt, dazu Tomaten und Lauchzwiebeln, eine echte Köstlichkeit.

<mark>Insider Tipp</mark>

In Sachen Hochprozentiges sind die Inselfriesen Spezialisten: Nach einem herzhaften Essen ist ein Schnaps Pflicht, zum Feiern wird er mit Limo verlängert. An kalten Tagen fällt die Wahl schwer: Rumgrog, Teepunsch oder doch lieber ein Pharisäer? Der ist weit über Nordfries-

land hinaus bekannt geworden. Das Rezept ist gleichermaßen der Trinkfreudigkeit und dem Einfallsreichtum der Friesen zu verdanken. Ein strenger Pastor auf Nordstrand soll seinen Schäfchen einst verboten haben, bei Feiern Alkohol zu trinken. Bei der nächsten Tauffeier ging es an

> SPEZIALITÄTEN

Genießen Sie die typisch nordfriesische Küche!

Bohnen, Birnen und Speck – deftiger Eintopf aus Kochbirnen, frischen grünen Bohnen und geräuchertem Bauchspeck

Eiergrog – mit Zucker und heißem Wasser aufgeschäumtes Eigelb, dazu Rum und Arrak

Fliederbeersuppe mit Grießklößen – Fruchtsuppe aus Holunderbeeren. Heiß gegessen ein friesisches Zaubermittel gegen Erkältungen

Friesentorte – mit Pflaumenmus gefüllter Blätterteig, obendrauf Schlagsahne. Macht süchtig

Grünkohl – ein Muss nach dem ersten Frost, am besten klassisch mit Bauchspeck, Kochwurst und Schweinebacke

Köm – der Kümmelschnaps ist das nordfriesische Nationalgetränk

Krabbenbrot – der Klassiker, im Idealfall dick mit frischen Krabben belegtes Grau- oder Vollkornbrot, dazu Rühr- oder Spiegelei (Foto)

Labskaus – Eintopf aus Stampfkartoffeln, Cornedbeef, Gewürzgurken und Rote-Bete-Saft. Obendrauf ein Spiegelei, manchmal auch ein saurer Hering

Matjes – der in milder Salzlake gereifte junge Hering wird mit saurer Sahne, Zwiebeln und Äpfeln zu Pellkartoffeln oder Schwarzbrot gereicht

Miesmuscheln – nur von September bis April. In Wein gedünstet besonders delikat (Foto)

Rote Grütze – aus roten Früchten, meist Erd-, Johannis- und Himbeeren, dazu gibt's flüssige Sahne oder Milch. Isst man als Dessert oder solo an heißen Sommertagen

Salzwiesenlamm – als Kotelett, als Keule, als Rücken. Zartes, aber herzhaftes Fleisch der an den Deichen grasenden Lämmer

Teepunsch – heißer schwarzer Tee mit Köm und Kandis

Tote Tante – Kakao mit Rum und Sahnehaube. Die Schwester des Pharisäers

der Kaffeetafel dann auch ungewohnt sittsam zu. Nirgends war eine Schnapsflasche zu sehen. Als nach einiger Zeit trotzdem eine erstaunliche Fröhlichkeit aufkam, und der Pastor herausfand, dass die vermeintlich braven Feierer ordentlich Rum in ihrem Kaffee unter einer unschuldig wirkenden und geruchshemmenden Sahnehaube untergebracht hatten, schimpfte er: „Ihr Pharisäer!"

Auch die Vorliebe für Tee ist vergleichsweise jung. Vor rund 250 Jahren brachten die Seefahrer Teerezepte aus Holland mit. Was den Engländern ihr Fünf-Uhr-Tee, ist den Nordfriesen ihre Kaffeezeit, zu der nicht nur Kaffee (und natürlich Tee) schmeckt, sondern auch Backwerk. Bei Torten, Waffeln und süßem Gebäck sind die Insulaner Meister. Egal, ob in der Dorfbäckerei oder im Café – das Etikett „selbst gebacken" verheißt (fast) immer uneingeschränkten Kuchengenuss.

Die einheimische Küche, die im Großen und Ganzen der norddeutschen Küche entspricht, hat sich den Vorlieben der Gäste angepasst. Da auf den Inseln die Fischerei im Gegensatz zur Viehzucht nie eine wichtige Rolle spielte, sind die Insulaner Fleischesser. Aber die Gastronomen haben sich darauf eingestellt, dass die Gäste lieber Nordseefisch zu sich nehmen, der zum Teil aus Husum oder Flensburg angeliefert wird.

Cafés und Restaurants sind fast immer Familienbetriebe. Meist ist es schwer, nur für die Sommermonate qualifiziertes Personal zu finden. Wenn dann der Koch mitten in der Saison geht oder eine Kellnerin krank wird, kommt es zu Engpässen,

die nicht ohne Weiteres auszugleichen sind. In der Vor- und Nachsaison kann es geschehen, dass man früher schließt. Auch Betriebsferien stehen nicht immer lange Zeit im Voraus fest.

Ohnehin sollte man gerade dort, wo die Gästezahlen klein sind, nicht

Mehrere davon können ganz schön „dun" – also betrunken – machen: der Pharisäer

zu hohe Ansprüche stellen. In dem einzigen Restaurant einer Hallig beispielsweise muss man sich auf einfache Kost und geringe Auswahl einrichten. Auf Amrum und Föhr hingegen können Sie – zumindest von Frühjahr bis Herbst, in der Weihnachts- und Silvesterwoche sowie zur Biike – vom frischen Fischbrötchen bis zu einem hervorragenden Menü alles bekommen.

SOUVENIRS AUS DER NATUR

Schmucke oder schmackhafte Mitbringsel finden Sie überall – manche kosten nicht einmal etwas

> Wer im Urlaub möglichst wenig Geld nebenbei ausgeben will, gerät auf den kleinen Inseln und Halligen nur selten ernsthaft in Versuchung. Auf Föhr und Amrum fällt es schon schwerer, ganz aufs Shoppen zu verzichten. Dort nimmt das Angebot u. a. an schönen Accessoires für Haus und Garten stetig zu. Für viele Nordseeurlauber sind aber immer noch die schönsten Exemplare der am Strand gefundenen Muscheln und Steine das liebste Mitbringsel.

BAUERNMÄRKTE & HOFLÄDEN

Überall finden von Mai bis September Bauernmärkte statt – besonders nett sind auf Föhr der *Dorfmarkt* in *Oevenum* mit Kunstgewerbe und Naturalien *(Do 10–12.30 Uhr)* und der *Bauernmarkt* in *Wyk (Mi u. Sa 9–12 Uhr | Rathausplatz),* auf dem ausschließlich Föhrer Produkte verkauft werden.

Auf den Inseln und Halligen bieten viele Bauern ihre Produkte und oft auch ein buntes Drumherum von Souvenirs in eigenen Hofläden an. Die schönsten Läden sind auf *Nordstrand* die *Schäferei Baumbach (S. 70)* und der *Bauernmarkt im Pharisäerhof (S. 70)*, auf *Pellworm* der *Bioland-Hof (S. 78)*, auf *Hooge* z. B. der *Bingehof (April–Okt. | Mitteltritt | www.hallighof.de)* und auf *Föhr* z. B. *Kopp im Hof (Sandwall 10 | Wyk)* und *Bauer Nielsen (Mo–Sa | Taarepswoi 5 | Borgsum | www.bauernhof-nielsen.de)*.

BERNSTEIN

Besonders nach Sturmfluten kann man Bernstein am Flutsaum finden. Das „Gold des Nordens" entstand durch Baumharz, das vor Jahrtausenden, als das Gebiet des heutigen Wattenmeeres noch bewaldetes Land war, in den Boden tropfte, unter den Meeresspiegel geriet und dort zerwaschen und wieder abgelagert wurde. Bernsteinschmuck wird in vielen Formen angeboten.

BILDER

Maler und Fotografen fühlen sich durch die faszinierende Landschaft, die ra-

> EINKAUFEN

schen Lichtwechsel und oft bizarren Wolkenformationen zur Arbeit animiert. In den Galerien auf den Inseln und auf Hooge kann man neben den üblichen Postkartenmotiven auch künstlerisch wirklich beeindruckende Werke finden, als Druck wie auch als Original.

■ FLIESEN & KERAMIK ■

Alte Fliesen sind inzwischen rar und teuer. Aber mancherorts gibt es sehr hübsche neue in den alten Mustern und Farben zu kaufen.
Auf allen Inseln bieten Töpfereien Keramik an – von der Teetasse bis zur Vase. Die Qualität ist so unterschiedlich, dass es sich lohnt, ein bisschen zu suchen.

■ GOLDSCHMIEDEKUNST ■

Auf Föhr und Amrum haben sich in den letzten Jahren immer mehr Goldschmiede angesiedelt, die z. T. wirklich schönen, ausgefallenen Schmuck anfertigen, inspiriert von und kombiniert mit dem Material, das die Natur vor der Ateliertür liefert.

■ LEIBLICHE GENÜSSE ■

Wer essbare Souvenirs bevorzugt, nimmt z. B. Honig oder Marmelade, Tee oder Köm, Räucheraal oder Muschelsuppe, Lammsalami oder -schinken mit nach Hause. Wenn erforderlich, werden die Produkte für den Transport eingeschweißt. Etwas Besonderes sind Fleisch- und Wurstwaren von Rind und Lamm mit dem „Uthlande"-Siegel, die es auch in den Supermärkten gibt: Mehr „Bio" geht nicht.

Insider Tipp

■ RUND UMS SCHAF ■

Wer leicht friert, ersteht vielleicht eines der fast überall angebotenen Schaffelle. Auch Schafwolle, naturbelassen oder gefärbt, wird verkauft. Und mehr noch: Auf den vier Inseln wird Kosmetik aus Schafsmilch angeboten – z. B. Seife und Körperlotion. Schafskäse und -joghurt sind da eher schnell verderbliche Produkte, die sich besser für den Genuss vor Ort eignen. Eine gute Adresse ist u. a. das *Schäferlädchen* auf Föhr *(Mo, Di, Do, Fr | An der Marsch 23 | Midlum).*

Insider Tipp

> KLEINE INSEL MIT GROSSARTIGER NATUR

Kniepsand und Dünen, Wald und Heide machen Amrum zu einem besonderen Erlebnis

> Amrum gibt sich bescheiden und ist auch deshalb etwas Besonderes geblieben. Während sich auf Föhr, Nordstrand und Pellworm die Festlandslandschaft fortsetzt, überrascht Amrum mit einer völlig anderen.

Die Dünenkette, die sich von Wittdün im Süden bis zur Amrumer Odde an der Nordspitze mehr als 10 km lang erstreckt, geht über in einen einzigartigen Strand. Er sorgte auch für den Namen, denn *Am Rem* heißt sandiger Rand. Eigentlich ist der ⭐ *Kniepsand,* der an manchen Stellen 1,5 km breit ist, eine riesige Sandbank, die sich Jahr für Jahr um etliche Meter nach Norden verschiebt und erst seit rund 200 Jahren vor der Insel liegt. Wer in der oft beträchtlichen Brandung baden will, muss also erst einmal tüchtig laufen, bis er den Flutsaum erreicht. Aber gerade das schätzen Amrumurlauber: Am Kniepsand verteilen sich selbst

Bild: Stranddünen

AMRUM

im Hochsommer die Gästescharen so bekömmlich, dass der Eindruck von Weite nie verloren geht. Da Sprachforscher immer noch rätseln, was „kniep" ursprünglich bedeutet hat, ist eine Erklärung in Umlauf, die sich der Erfahrung an windigen Tagen verdankt: Kniep heißt der Sand, weil er, vom Wind getrieben, ganz schön kniepen, also zwicken kann.

Der Kniepsand, mit ungefähr 10 km² fast halb so groß wie die In-sel (20 km²), ist für Amrum ein natürlicher und verlässlicher Küstenschutz. Schiffen ist er allerdings oft zum Verhängnis geworden. Untiefen und Sandbänke im Wattenmeer stellen auch heute Gefahren dar, die den Wunsch, ein Schiff möge immer eine Handbreit Wasser unter dem Kiel haben, immer noch zeitgemäß erscheinen lassen. In früheren Jahrhunderten waren die Amrumer gefürchtete Strandräuber, sodass im 15. Jh. erstmals ein Strandvogt eingesetzt wurde, der mithilfe strenger Gesetze den Beutemachern am Strand das Handwerk legen sollte.

Zu jedem Inselort gehören bewachte Badestrände mit Strandkörben – sowohl für Leute mit als auch ohne Badeanzug. Der herrliche, breite Dünengürtel Amrums steht un-

Ginster leuchtet, und würzig duftet der Kiefernwald. Bäume und Blumen haben es schwer auf dieser Insel. Salzhaltige Luft und Wind bremsen ihr Wachstum. Aber geduldige Aufforstung mit Laub- und Nadelbäumen hat Amrum inzwischen zur waldreichsten Nordseeinsel gemacht. Und in Nebel und Norddorf können

ter Naturschutz und darf nur auf den Bohlenwegen betreten werden. Bei Wittdün, Süddorf, Norddorf und dem Quermarkenfeuer kurz vor Norddorf hat man von den bis zu 32 m hohen ☀ Aussichtsdünen einen wunderbaren Blick.

An Kniepsand und Dünengürtel schließt sich ein Streifen mit der für Amrum typischen Vegetation an: Heide, aus der im Frühjahr gelb der

Sie im Sommer an herrlich blühenden Gärten vorbeischlendern.

Am Rand des Waldstreifens verläuft die Straße, die von Wittdün an Leuchtturm und Mühle vorbei nach Norddorf führt. Östlich der Straße auf dem flutsicheren Geestrücken Amrums liegen die Orte Süddorf und Nebel. Die Nordspitze, die Amrumer Odde, ist ein Vogelparadies. Dieses Naturschutzgebiet darf nur im Rahmen von Führungen betreten werden.

Das Wattufer im Osten bietet wiederum eine ganz andere Naturerfahrung. Hier glänzt das Meer die meiste Zeit über durch Abwesenheit und bietet so zahlreichen Vogelarten einen nahrhaften Boden. Aber die Ruhe im Watt ist trügerisch. Bei Sturmfluten geht es auch hier hoch her. Und deshalb gibt es zwischen Wittdün und Steenodde und im Norden der Insel Deiche. Zwischen Watt und Geest liegt die grüne Marsch, von der nur noch ein kleiner Teil landwirtschaftlich genutzt wird.

Auf die Zeit zwischen 3000 und 1600 v. Chr. wird die früheste Besiedlung der Insel datiert. Aus der Bronzezeit, in der neue Bewohner vom Festland auf die Insel kamen, gibt es zahlreiche Hügelgräber, etliche davon sind erhalten und leicht zu erkennen. Aus der Wikingerzeit stammt der beeindruckende Wall zwischen Nebel und Steenodde, der *Krümmwal.* Welche Funktion er einst hatte, ist bislang ungeklärt.

Die Amrumer standen dem Fremdenverkehr zu Beginn mit schroffer Ablehnung gegenüber. 1885 wehrte die Gemeindevertretung die Erteilung einer Badekonzession mit der Begründung ab, dass man „den Verderb der guten hiesigen Sitten durch Badeleute befürchten muss, wie Beispiele im benachbarten Wyk und Westerland zur Genüge beweisen". Aber nachdem die Amrumer von höherer Stelle den Befehl bekommen hatten, eine Konzession zu erteilen, nützte aller Widerstand nichts mehr, und auf der unbebauten Südspitze der Insel wurde 1889 das erste Hotel eröffnet. Und um die hochherrschaftlichen Gäste von dort bequem an den Kniepsand bringen zu können, baute man sogar eine Eisenbahn, die 1900 erweitert wurde und über Nebel bis Norddorf führte. 1939 wurde der Bahnbetrieb stillgelegt. Und heute? Heute gibt's „Insel-Paul", die blau-weiße Inselbahn. Paul ist ein der ehemaligen echten Bahn nachempfundenes, „verkleidetes" Auto mit zwei Waggons, das Sie in 70 Minuten mit 20 km/h über ganz Amrum kutschiert. *Die Abfahrtszeiten stehen auf Hinweistafeln in den Inseldörfern | Fahrt 8 Euro*

Obwohl der Fremdenverkehr heute die wichtigste und fast einzige Einnahmequelle der Amrumer ist, ist ihnen eine tiefe Skepsis geblieben, die von dem Wunsch herrührt, Amrum müsse das Zuhause der rund 2350 Insulaner bleiben, solle nicht

MARCO POLO HIGHLIGHTS

⭐ **St. Clemens**
Reetgedeckte Kirche in Nebel, Amrums schönstem Dorf (Seite 36)

⭐ **Leuchtturm**
300 Stufen führen zu einem grandiosen Blick (Seite 42)

⭐ **Seekiste**
Amrums wohl beliebtestes Restaurant (Seite 37)

⭐ **Kniepsand**
15 km lang und bis zu 1,5 km breit ist dieser fulminante Strand (Seite 30)

bis zur Unkenntlichkeit durch Neubauten zu einem Klein-Sylt und durch täglich anreisende Touristenscharen zu einer einzigen Promenade werden. Seit Jahren ist das Bauen auf der Insel streng reglementiert, sodass es trotz steigender Übernachtungszahlen (2005: 120000 Gäste) eher weniger als mehr Gästebetten gibt. Die einzeln vermieteten Fremdenzimmer von einst sind inzwischen überwiegend zu mehr Platz beanspruchenden Ferienwohnungen umgebaut worden, und Neubauten werden kaum noch genehmigt. Dafür kommen immer mehr Gäste auch im Winter. Die Luft ist dann genauso gut, und passionierte Strandläufer schwören geradezu auf die Zeiten, zu denen sie auf dem Kniepsand kaum jemandem begegnen. Allerdings sind im Winter, außer über Weihnachten und Neujahr, viele Restaurants und Läden geschlossen.

Wer abends etwas unternehmen will, hat im Sommer viele Möglichkeiten. Der Veranstaltungskalender ist prall gefüllt und bietet ein abwechslungsreiches Programm. Die zahlreichen Stammgäste, vor allem Familien mit kleineren Kindern und Gäste über 40, kommen aber gerade der Ruhe wegen. Für Jugendliche ist die natürlich weniger begeisternd. Für sie werden in der Hochsaison samstags Diskoabende organisiert.

Wer einigermaßen gut zu Fuß ist oder gern Fahrrad fährt, kann getrost ohne Auto nach Amrum reisen. Am weitesten liegen Norddorf und Wittdün mit 10 km auseinander. Nirgendwo ist die Insel breiter als 3 km. Die einzige Landstraße, die diese Orte verbindet, ist für Radfahrer und Fußgänger allerdings gefährlich und sollte selbst für kurze Strecken strikt gemieden werden. Auf den gut gekennzeichneten Radwegen durch den Wald oder die Marschen ist es nicht nur sicherer, sondern auch viel schöner. Für Wandersleute und Spaziergänger gibt es zahlreiche autofreie Wege. Und sollte Ihnen die Puste ausgehen: Busse verkehren in der Saison tagsüber halbstündlich und von 18.30 bis 22.30 Uhr stündlich.

> LOW BUDGET

> Einige Vermieter von Ferienwohnungen bieten ihren Gästen freien Eintritt ins *Amrum-Badeland (S. 43)*, und zwar ins Wellenbad und/oder in die Sauna. Genaueres finden Sie im Gastgeberverzeichnis.

> Die *Jugendherberge* in Wittdün (*Mittelstr. 1 | Tel. 04682/20 10 | Fax 17 47 | www.djh.de*) ist ob ihres günstigen Preis-Leistungs-Verhältnisses stets gut frequentiert; man muss sich schriftlich anmelden.

■ AUSKUNFT FÜR AMRUM ■

AMRUM TOURISTIK
Gastgeberverzeichnis und Zimmernachweis. *Am Fähranleger | 25946 Wittdün | Tel. 04682/940 30 | Fax 94 03 20 | www.amrum.de*
Zimmervermittlung: *Amrum Reservierungsdienst (Strandstr. 4 | Wittdün | Tel. 04682/946 40 | Fax 94 64 24 www.amrum-reservierung.de).*

NEBEL

[115 C–D3] Nebel (940 Ew.) ist der schönste Ort Amrums. Der gut erhaltene historische Dorfkern rings um die St.-Clemens-Kirche ist mit seinen alten Friesenhäusern und schönen Gärten geradezu ein nordfriesisches Bilderbuchdorf. Die ersten Häuser wurden vermutlich erst Anfang des 16. Jhs. erbaut. Der Name Nebel bedeutet *Neues Bohl* (neue Gemeinde) und weist auf eine deutlich spätere Gründung als die von Nord- und Süddorf hin. Im Ortsteil *Westerheide* liegen die oft sehr hübschen neueren Häuser zwischen Straße und Dünen im Wald.

Die Dörfer Süddorf und Steenodde gehören zur Gemeinde Nebel, die dadurch die größte der Insel ist. Nebel beherbergt das Amt für die gesamte Insel ebenso wie das Polizeirevier und die Dörfergemeinschaftsschule im Ortsteil Süddorf. Die alten Bauernhäuser in Süddorf und Nebel aus dem 18. und 19. Jh. sind zum großen Teil im typischen friesischen Rostrot gestrichen, das Ochsenblut genannt wird. Schmale, zum Teil unasphaltierte Wege führen zwischen den mit Heckenrosen oft über und über bewachsenen alten Gartenmauern entlang. Es ist zu hoffen, dass der alte Ortsteil von Nebel bald ganz für Autos gesperrt wird, denn selbst mit dem Fahrrad ist an schönen Sommertagen an manchen Ecken nicht mehr gut voranzukommen.

Das winzige Dorf *Steenodde* [115 E4] ist erst 1721 entstanden. Aber vor- und frühgeschichtliche Funde beweisen eine sehr frühe Besiedlung. Im Gegensatz zum Fischfang, der kaum je eine Rolle für die Insulaner gespielt hatte, war die Austernfischerei vom 11. bis zum 19. Jh. ein wichtiger Erwerbszweig. In Steenodde, wo die Austernfischer einst auszo-

Sommerliche Blütenpracht vorm Friesenhaus: typisch für das schnuckelige Dorf Nebel

NEBEL

gen, gibt es seit einigen Jahren eine Austernzuchtanlage, und viele Einheimische behaupten, ihre Auster schmecke besser als die „Sylter Royal".

Sehens- und lesenswert: Grabsteine auf dem Friedhof von St. Clemens

Süddorf [115 D4] ist vermutlich so alt wie die St.-Clemens-Kirche, also knapp 800 Jahre. Die zum großen Teil sehr schönen Häuser stehen so weit auseinander, dass hier und da Platz ist für ein neues Gebäude – mit Reetdach versteht sich. In Süddorf ist es selbst in der Hochsaison beschaulich. Es gibt nur ein Lebensmittelgeschäft, aber nach Nebel ist es nur 1 km, und auch Wittdün ist nah.

■ SEHENSWERTES

MÜHLE UND AMRUMER MUSEUM

Durch einen der „sprechenden" Grabsteine auf dem St.-Clemens-Friedhof lässt sich der Bau der Mühle auf das Jahr 1771 datieren. Als der letzte Müller 1964 gestorben war, wurde der immer noch funktionsfähige Erdholländer von einem Verein engagierter Amrumer Bürger übernommen und im ehemaligen Lagerraum ein Museum eingerichtet. Hier können Sie u. a. die Geschichte von Leuchtturm und Inselbahn erkunden. In jeder Saison gibt es zwei bis drei Ausstellungen von Bildern mit Amrumer Motiven. Gegenüber, auf der anderen Straßenseite, sind auf einem kleinen *Friedhof* 32 Unbekannte begraben, die das Meer an Amrums Küsten spülte. *April–Okt. tgl. 11–17 Uhr | Eintritt 1,50 Euro | www.amrumer-windmuehle.de*

ÖÖMRANG HÜS

Historisches Friesenhaus. Sehenswerte Seefahrerstube und Küche mit einem *Eldag,* einer fast mittelalterlichen Feuerstelle – die einzige originale (außerhalb von Museen) in einem nordfriesischen Haus. *Mo–Sa 15–17 Uhr, Mai–Okt. auch Mo–Fr 10–12 Uhr | Waswai 1 | Spende erbeten*

ST. CLEMENS ★

Die elegant wirkende Kirche wurde um 1200 vermutlich zunächst als Kapelle erbaut und Anfang des 18. Jhs. verlängert. Den Kirchturm gibt es erst seit 1908. Mit seinen weiß verputzten Mauern und dem reetgedeckten Kirchenschiff ist St. Clemens für die Region ungewöhnlich. Die Häuser von Nebel wurden später um die Kirche herumgebaut. Sehenswert sind die Taufe aus Bornholmer Granit und Muschelkalk, die Apostelreihe aus dem 14. Jh. und das Kruzifix von ca. 1480. Etliche Einrichtungsstücke sind Stiftungen von Seefahrern. 90 *Grabsteine* auf dem Friedhof stehen unter Denkmalschutz. Die ältesten stammen aus dem 17. Jh. Der Inselforscher und -chronist Georg Quedens hat die Inschriften entziffert und zu einem einzigartigen Dokument zusammengestellt, das die Geschichte Amrums auf vielfache Weise erhellt. So erzählt z. B. der Grabstein des Hark Olufs von einer besonderen Gefahr: 16-jährig war er „von den türkischen See-Räubern zu Algier 1724 gefangen genommen worden". Nach 11 Jahren wurde er freigelassen und kam mit gutem Lohn für Dienste in der Gefangenschaft nach Amrum zurück, wo er als „grosser Kriegesheld" gefeiert wurde. Viele Seefahrer gerieten damals in jahrelange Gefangenschaft. *Tgl. 8–17 Uhr | Kirchen- und Friedhofsführungen Mitte April– Mitte Okt. Di 17 Uhr*

■ ESSEN & TRINKEN ■
FRIESEN-CAFÉ
Gemütlich sitzt man in dem Haus von 1745 oder im Garten. Friesentorte und -waffeln sind hier besonders gut. *Mi geschl. | Uasterstigh 7*

LIKEDEELER [115 E4]
Gemütliches Restaurant im letzten Haus des Dorfs direkt am Watt. Gute vegetarische und Fischgerichte. Abends kommt man auch gern auf ein Bier. *Di geschl. | Stianoodswai*

29a | Steenodde | Tel. 04682/777 | €€–€€€*

SEEKISTE ⭐
Dieses Restaurant hat wirklich etwas von einer Seemannskiste, einer höchst gemütlichen! Spezialitäten wie Schornsteinfeger (kross gebratene Heringsfilets) und Deichkugeln (Lammfrikadellen) tragen das Ihre zu einem wohligen Völlegefühl bei. Apropos: Voll ist es hier immer, man sollte zeitig reservieren. Nachmittags locken Brotzeit oder Kuchen im Wintergarten oder auf der lauschigen Terrasse. *Mo u. 15. Nov.–Feb. geschl. | Smääljaat 2 | Tel. 04682/640 | €€*

RISTORANTE VENEZIA
Nein, keine Pizzeria! Sondern ein gutes Fischrestaurant, in dem nordische Meeresprodukte durch italienische Kochkunst veredelt werden. Es gibt aber auch etwas vom Lamm und Kalb – und, ja, einige gute Pizzas. *Mi geschl. | Hööwjat 2 | Tel. 04682/ 96 15 26 | €€*

■ EINKAUFEN ■
DÖRNSK AN KÖÖGEM
Insider Tipp

In der schnuckeligen „Stube und Küche" gibt's Porzellan, Bernstein, Schafsmilchseife, selbst angesetzte Liköre, Gelees, Tees … Der Clou: Mittendrin serviert Hilke Friedrichs an einigen Tischen Getränke aller Art und essbare Kleinigkeiten. *Uasterstigh 19*

HANDWERKSHÜS UND TÖPFERN
Geschmackvolle Arbeiten aus eigener Töpferwerkstatt. *Mo, Di, Do, Fr 10–12 Uhr, in der Hauptsaison auch 15–18 Uhr | Smäswai 24*

NORDDORF

◼ ÜBERNACHTEN

HOTEL-RESTAURANT FRIEDRICHS

Mitten in Nebel. Von den komfortabel und gemütlich eingerichteten Zimmern blickt man über Friesenhäuser bis ans Wattenmeer. Beliebtes gutbürgerliches Restaurant *(Mo geschl.)*. 9 Zi. | *Uastersttigh 18 | Tel. 04682/949 70 | Fax 94 97 17 | www.hotel-friedrichs.com | €€*

HOTEL STEENODDE [115 E4]

Dicht am Wattenmeer im namensgebenden Dorf liegt dieses Haus. Einige seiner acht großzügigen, erst 2007 renovierten Zimmer gewähren Meeresblick. Restaurant *(Mitte Sept. bis Mitte Juni Mo geschl.)*, Fitness- und Wellnessbereich. *Stianoodswai 17 | Steenodde | Tel. 04682/942 49 | Fax 94 24 24 | www.hotel-steen odde.de | €€*

◼ STRÄNDE

Zum feinen Sandstrand sind es vom Ortskern gut 1,5 km auf einem schönen Weg durch den Ortsteil Westerheide, Wald und Dünen.

◼ AUSKUNFT

AMRUM TOURISTIK NEBEL

Information, Zimmernachweis und W.D.R.-Fahrkarten. *25946 Nebel | Hööwjaat 1a (im Haus des Gastes) | Tel. 04682/943 00 | Fax 94 30 30*

NORDDORF

[114 B–C1] Das anerkannte Heilbad Norddorf (630 Ew.), vermutlich im 13. Jh. entstanden, bietet unterschiedliche Eindrücke, die die Geschichte des Orts spiegeln. Bis 1890 der Fremdenverkehr durch die Bodelschwingh'schen Hospize und das ein Jahr später gegründete Seepensionat Hüttmann Einzug hielt, war Norddorf eine ärmliche Gemeinde mit etwa 40 Häusern. Einige alte Friesenhäuser erinnern an diese Zeit. Daneben ist mit den ersten großen Touristenbauten, dem schönen Hotel Hüttmann und dem Hospizgebäude etwas vom Charme des klassischen Seebads erhalten geblieben. Dazwischen stehen Bauten aus allen Jahrzehnten des 20. Jhs. Alles zusammen ergibt ein ganz eigenes, aber durchaus harmonisches Ortsbild.

Mehrfach zerstörten Brände das Dorf. Als zuletzt 1925 etliche Häuser abbrannten, wurden die neu erbauten Friesenhäuser sicherheitshalber mit Hartdächern versehen. Heute stehen alte Reetdachhäuser fast nur noch im östlichen Teil des Dorfs. In Richtung Strand wird das Bild durch moderne Häuser und die Fußgängerzone *Strunwai* bestimmt.

◼ SEHENSWERTES

NATURZENTRUM

Anhand von Aquarien und Dioramen informiert eine kleine, gut gemachte Ausstellung über das Leben im Wattenmeer. *April–Sept. Fr–Mi 10–17, Okt.–März Mi, Fr–So 12–16 Uhr | Strunwai 31 | Eintritt frei | www. naturzentrum-norddorf.de*

VOGELSCHUTZGEBIET AMRUM ODDE [110 B4]

Bei einer Führung (1–1,5 Std.) des Vogelwarts können Sie den Nordzipfel der Insel kennenlernen. Mit *Odde* wird eine ins Meer ragende Landzunge bezeichnet. Die Amrumer Odde ist ein Vogelparadies und steht unter Naturschutz *(Ostern–Mitte Okt. Di bis So 10 Uhr | Treffpunkt Vogelwart-haus auf der Wattseite).* An der Odde starten auch die 8 km langen Watt-wanderungen nach Dunsum auf Föhr.

Auf dem *Jungnamensand* vor der Odde haben ca. 60 Kegelrobben ein Refugium gefunden und ziehen hier von November bis März ihre Jungen groß.

kleine Mittagstisch, dann Kaffee und Kuchen und abends gute Grillge-richte. Ganzjährig geöffnet, Terrasse. *Strunwai 9 | Tel. 04682/44 88 | €–€€*

HOTEL-RESTAURANT SEEBLICK

Hier gibt's u.a. regionale Spezialitä-ten wie „Amrumer Pannfisch", ge-beizte Meeräsche und Stubenküken

Amrum Odde: sommers wie winters ein idealer Platz zur Vogelbeobachtung

■ ESSEN & TRINKEN ■

Café Schult

Drinnen ist es beim besten Kuchen-bäcker Amrums schön plüschig, im Sommer wird auch draußen serviert. Probieren Sie den unvergleichlichen Schokokuchen! *Ual Saarepswai 9*

DIE MUSCHELSUCHER

Caférestaurant, was in diesem Fall heißt: Dem Frühstück folgt der

in sehr guter Qualität. Die Portionen sind groß, der Andrang auch. Im Herbst kochen im Rahmen des Schleswig-Holstein Gourmetfesti-vals Starköche. *Strunwai 13 | Tel. 04682/92 10 | €€*

STRAND 33 ▶▶ 〰 [110 A6]

Essen und Trinken mit Brandungs-blick. Außerdem Chill-out-Partys (Di, Fr), Barbecue (Do) und Snacktag (Mi). *Tgl.* | *Strunwai 33 (direkt am Strand)* | *Tel. 04682/96 15 55* | *www.strand33.de* | €

TEEHAUS BURG

Einmalige Lage am Wattenmeer zwischen Norddorf und Nebel. Die Pfannkuchen mit verschiedenen Füllungen, die es aber nur abends gibt, sind bei Gästen und Einheimischen gleichermaßen beliebt. Nachmittags locken Kuchen und der Blick übers Watt bis nach Föhr. *Di geschl.* | €

UAL ÖÖMRANG WIARTSHÜS

Alles in Blau und Weiß: Holzbalken, Friesenkacheln, getäfelte Wände, Schnitzwerk. Für „Omas Fischpfanne" kommen Gäste sogar von Föhr und vom Festland. Idyllischer Garten. Im selben Haus gibt es zehn gepflegte Hotelzimmer (€€). *Mi und Jan.–Mitte Feb. geschl.* | *Bräätlun 4* | *Tel. 04682/836* | *Fax 14 32* | *www.deramrumer.de/ual-oeoemrang-wiartshues* | €€–€€€

EINKAUFEN

C. RICKMERS

Schmuck („Inselgoldschmiede"), teilweise aus eigener Werkstatt, und sportliche Mode. *Lunstruat 1* | *Filiale in Wyk a. Föhr, Große Str. 15*

ÜBERNACHTEN

HOTEL HÜTTMANN

Renommiertestes Hotel Amrums mit über 100-jähriger Tradition. Feines Restaurant, nettes Bistro, Kaffeegarten, Bar, Sauna, Dampfbad, Solarium, Fitnessstudio. *57 Zi.* | *Ual Saarepswai 2–6* | *Tel. 04682/92 20* | *Fax 92 21 13* | *www.hotel-huettmann.de* | €€€

PIDDER LYNG

Ganz am nördlichen Ortsrand gelegenes Hotel, in dem man aus vielen Zimmern einen exklusiven Blick auf die Amrum-Odde genießt. Diverse Saunen, Gartenterrasse, Liegewiese. *10 Zi., 4 Apt.* | *Bideelen 5* | *Tel. 04682/944 40* | *Fax 94 44 33* | *www.pidderlyng.de* | €€€

HOTEL SEEBLICK

Liebevoll gestaltete Räume in einem engagiert geführten Haus. Wellnessbereich mit u. a. Dampf- und Schwimmbad, Sauna. *47 Zi.* | *Strunwai 13* | *Tel. 04682/92 10* | *Fax 25 74* | *www.seeblicker.de* | €€€

SPORT & STRÄNDE

Auch in Norddorf ist der Sandstrand fein und breit.

MINIGOLF

Hier werden Minigolf-Profis zur Verzweiflung getrieben: Ein Platz mit 18

höchst sonderbaren, witzigen Bahnen befindet sich nahe dem südlichen Ortseingang am Rand der Dünen. *Tgl., je nach Witterung*

AM ABEND

LICHTBLICK

Kino mit bis zu 18 verschiedenen Filmen pro Woche und nummerierten Plätzen. Nachmittags Kinderfilme! *März–Okt., Weihnachten–Mitte Jan. | Triihuk 1 | Tel. 04682/962 00*

OP DE BÖN

In gemütlicher Atmosphäre trifft sich in der zum Hotel Seeblick gehörenden Bar Alt und Jung zu Apéro, Bier, Wein oder Digestif. *Strunwai 13*

AUSKUNFT

AMRUM TOURISTIK NORDDORF

Informationen, Zimmernachweis, Fundbüro und W.D.R.-Fahrkarten. *Ual Saarepswai 7 | 25952 Norddorf | Tel. 04682/947 00 | Fax 94 70 94*

ZIEL IN DER UMGEBUNG

VOGELKOJE MEERUM   [114 B2]

Zwischen Norddorf und Nebel sind zwei Pfeifen der Vogelkoje von 1866 so wiederhergestellt worden, dass man gut erkennt, wie hier bis 1937 Wildenten gefangen wurden. Im Frühjahr sind auf dem Teich der Vogelkoje Wasservögel mit ihren Küken zu beobachten. Nebenan liegt ein *Damwildgehege.* Im nahen Dünental wurden Anfang der 1970er-Jahre *Reste eines kimbrischen Dorfs* aus dem 1. Jh. gefunden.

WITTDÜN

[115 E–F5] **Wittdün (670 Ew.) ist der jüngste Ort Amrums. 1889 wurde er als Seebad gegründet.** Der einst feine Badeort stand in krassem Gegensatz zum braven Norddorf mit seinen christlichen Hospizen. Finanzielle Schwierigkeiten und der Erste Weltkrieg stürzten den Ort in eine lange

Vogelkoje Meerum: Graugansküken-Fütterung unter den wachsamen Augen der Eltern

Krise. Erst als man einige Hotels zu Kinderheimen umbaute, ging es in dem nur vom Fremdenverkehr lebenden Ort wieder ein wenig aufwärts. Aber richtig gut geht es dem anerkannten Heilbad Wittdün erst seit den 1970er-Jahren, als viele Neubauten entstanden und der Run auf Eigentumswohnungen einsetzte.

1914 wurde damit begonnen, die exponierte südliche Uferspitze durch eine Mauer vor den Nordseewellen zu schützen. So entstand Wittdüns ☼ *Strandpromenade,* auf der man den gesamten Ort umwandern kann und bei klarer Sicht wunderbare Ausblicke aufs Meer, die Halligen und Föhr hat. Auch die *Obere Wandelbahn,* ein Fußweg oberhalb der Promenade, eignet sich gut für einen Spaziergang. Sonst wirkt Wittdün durch die vielen neuen Häuser eher gesichtslos. Die Hauptstraße mit zahlreichen Geschäften ist im Hochsommer gelegentlich überfüllt.

◼ SEHENSWERTES ◼

LEUCHTTURM ★ ☼   [115 D5]

Wer den grandiosen Blick über Inseln und Halligen vom höchsten Leuchtturm der deutschen Nordseeküste (66 m) genießen will, kommt zuvor auf den 295 Treppenstufen – davon allein 123 bis zum Fuß des Turms – ganz schön außer Atem. *Mai–Okt. Mo–Fr 8.30–12.30 Uhr, an Feiertagen und bei widriger Witterung geschl. | an der Hauptstraße Richtung Nebel | Eintritt 2 Euro*

SEEZEICHEN- UND YACHTHAFEN

Man erreicht den Hafen nach einem etwa halbstündigen Spaziergang an der Wattseite. Hier liegt der Seenot-rettungskreuzer Amrums, und im Sommer kommen viele Segelschiffe dazu. Auch für etwa 50 Gastboote ist Platz. Nebenan kann man sehen (Betreten verboten), wie groß die im Meer liegenden Tonnen und Bojen aus der Nähe betrachtet sind. Sie werden hier gewartet und leuchten mit ihren neuen gelben, grünen und roten Anstrichen schon von Weitem.

◼ ESSEN & TRINKEN ◼

CAFÉ PUSTEKUCHEN

Im Sommer wird auch im Garten Süßes und Selbstgebackenes serviert. *Inselstr. 41*

SEEFOHRERHUS

Außen bunte Fischerhütte, innen puristisch-modern: Mit Blick auf den Yachthafen genießt man Regionales von Amrumer Wildaustern über „Friesenpaella" bis Aal grün. Ein original Wiener Schnitzel gibt's aber auch. Überdachte Terrasse; günstiges Mittagsmenü. *Do geschl. | am Seezeichenhafen | Tel. 04682/14 51 | €€–€€€*

WEISSE DÜNE

Bodenständige, aber feine Küche. Von der ☼ Terrasse herrlicher Blick nach Föhr. *Mo geschl. | Inselstr. 59 | Tel. 04682/94 00 18 | €–€€*

◼ EINKAUFEN ◼

BIO DÜNE

Gut sortierter Naturwarenladen. Lebensmittel, frisches Gemüse und Obst aus kontrolliert ökologischem Anbau, Kosmetik, Papier, Kleidung, Holzspielzeug und Geschenkartikel. *Mi geschl. | Inselstr. 41 | www.bioduene.de*

Strandleben auf dem Kniepsand, der genau genommen eine Sandbank ist

INSEL GALERIE

Werke, die auf Amrum entstanden sind oder hier hätten entstehen können. *Hauptstr. 23*

■ ÜBERNACHTEN ■

CAMPINGPLATZ AMRUM   [115 D5]

Die Anlage mit 200 Plätzen liegt sehr schön mitten in den Dünen (Sandheringe nicht vergessen!). Es gibt Mietwohnwagen für Allergiker. *15. März–Okt. | Inselstr. 125 | Tel. 04682/22 54 | Fax 43 48 | www. amrum-camping.de*

WEISSE DÜNE

Behagliches und gepflegtes kleines Haus mit Schwimmbad, Sauna, Solarium, kleinem Fitnessbereich und Restaurant. *12 Zi. | Achtern Strand 6 | Tel. 04682/94 00 00 | Fax 94 00 94 | www.weisse-duene.de | €€€*

■ SPORT & STRÄNDE ■

Am Ortsende beginnt der Kniepsand. Wittdün selbst hat einen schönen, aber nicht allzu breiten Sandstrand. Bei Ebbe kann man hier im Watt laufen; bei Flut hat man es nicht weit bis zum Wasser. In Höhe des Schwimmbads liegt in den Dünen der kleine Süßwassersee *Wriakhörn.*

AMRUM-BADELAND UND THALASSOZENTRUM   [115 D5]

Meerwasserwellenbad mit Fitnessstudio, Solarien, Sauna, Hamam und Rasul, einem orientalischen Dampfbad. In Pflegeschlamm gehüllte Besucher lassen dort die Seele im Kräuterdunst baumeln (Anmeldung erforderlich). Badeland tgl. 10–18 Uhr, Thalasso Mo–Fr 9–15 Uhr | Am Schwimmbad 1 | Tel. 04682/94 34 31 (Badeland), 94 34 32 (Thalassozentrum | Eintritt ab 3,30 Euro/Std.

Insider Tipp

■ AM ABEND ■

BLAUE MAUS ▶▶

Weniger Kneipe als insulare Institution. Unzählige Whisky- und Rumsorten werden ergänzt durch Mixturen wie dem legendären „Strandhafer". *Do geschl. | Inselstr. 107*

> DIE GRÜNE INSEL IM WATTENMEER

Föhr lockt mit einer kleinen Hafenstadt, urigen Dörfern, Geest, Marsch und schönen Stränden

> Fast rund und küstennah im Wattenmeer gelegen, durch die vorgelagerten Sände, die Halligen Langeneß und Oland im Südosten und Amrum und Sylt im Westen geschützt, hat Föhr einen begünstigten Platz.

Wind und Wellen sind hier abgeschwächt, was den Menschen, aber auch der vergleichsweise üppigen Vegetation bekommt: So sind die alten Bäume eines der Markenzeichen der kleinen Stadt Wyk geworden.

Das 82 km^2 große Föhr teilt sich geografisch in das flache und fruchtbare Marschland der nördlichen Hälfte und die höher liegende, seit vielen Jahrhunderten besiedelte Geest der südlichen Hälfte. Die Landkarte zeigt noch heute, dass alle elf Dörfer der Insel auf dem flutsicheren, nicht sonderlich fruchtbaren, sandigen Geestrücken im Süden und Westen entstanden. Obwohl der 22 km lange Deich seit 500 Jahren die Marsch im

Bild: Strand von Utersum, im Hintergrund Amrum

FÖHR

Norden von Wyk bis Utersum vor Überschwemmungen schützt, gibt es in diesem tief liegenden Gebiet, das mehr als die Hälfte Föhrs ausmacht, nur vereinzelt Häuser. Wer hier durch die Felder und Wiesen radelt, kann leicht den Eindruck gewinnen, Menschen und Tiere hätten sich die Insel fair geteilt. In der Marsch weiden Kühe und Schafe, und ziemlich ungestört leben hier zahlreiche Vogelarten wie Wiesenpieper und Feldlerche

gemeinsam mit Tauben, Hasen und Fasanen – Föhr hat mit die größte Niederwilddichte Deutschlands. Die Menschen halten sich meist südlich der Straße von Wyk über Midlum, Oldsum bis Dunsum auf. In den letzten 35 Jahren siedelten zwar etliche Bauernhöfe in die Marsch aus, aber das hat das Bild der Insel nicht grundsätzlich verändert, auf der Landwirtschaft neben dem Fremdenverkehr nach wie vor eine wichtige

Erwerbsquelle ist. Vor allem werden Rinder und Schafe gezüchtet, es wird etwas Getreide angebaut, und im Mai leuchten auf der Insel die blühenden Rapsfelder.

Lange Zeit war Föhr auch politisch geteilt. *Osterland,* die östliche Hälfte von Wyk bis Nieblum, war Teil des Herzogtums Schleswig, während *Westerland,* die westliche Hälfte Föhrs, und Amrum von etwa 1400 bis 1864 zu Dänemark gehörten. Diese jahrhundertelange politische Teilung ist bis heute daran zu erkennen, dass sich auf Föhr zwei ähnliche, aber doch deutlich unterschiedliche Mundarten des Friesischen herausgebildet haben. Auf Westerland-Föhr wird immer noch Friesisch gesprochen, während in Wyk Plattdeutsch vorherrscht. Die Geschichte wirkt auch insoweit bis heute fort, als mehr oder weniger ernst gemeinte Animositäten zwischen Wykern und Föhr-Land-Bewohnern bestehen. Für die Friesen oder Fehringer, also die mit einer langen friesischen Familiengeschichte ausgestatteten Bewohner der Dörfer,

Eine ganze Woche lang Captain Hook zeigen, wo der Enterhaken hängt: Piratenwoche in Wyk

sind Wyker Fremde, Zugewanderte, obwohl viele sich hier bereits vor rund 370 Jahren nach der katastrophalen Sturmflut 1634 niederließen. Für die rund 4450 Wyker wiederum, die sich als Städter fühlen, leben die ca. 4150 Landbewohner weit draußen in der Provinz.

Die dritte Menschengruppe ist im Sommer die größte: Jedes Jahr kommen insgesamt rund 184000 Urlauber auf die Insel, dazu noch einmal fast ebenso viele Tagesgäste. In der Saison ist es zwar manchmal gar nicht so leicht, einen Platz im Café oder Restaurant zu bekommen, aber meist hat man trotzdem nicht das Gefühl, die nach Sylt zweitgrößte Nordfriesische Insel platze aus allen Nähten. Vor allem in den Dörfern bleibt es auch in der Hochsaison ruhig.

Das Nordseebad Wyk wurde 1819 gegründet. Durch Föhrs geschützte Lage kommen Nordseewind und -wellen hier schon ein bisschen gebremst an. Das wissen besonders Eltern zu schätzen, die ihre Kleinen unbesorgt am Strand spielen und baden lassen können. Die Kurverwaltungen, viele Vermieter und Gastronomen haben sich darauf eingestellt. Es gibt zahlreiche Spielangebote, eine Menge Restaurants mit Kinderkarte und Hochstühlen, und reichlich Ferienwohnungen mit Kinderzimmern.

Eine gute Möglichkeit, die Insel kennenzulernen, ist eine 90-minütige Rundfahrt durch fast alle Dörfer mit dem Friesenexpress *(Mai–Sept. tgl. 10.45, 12.45, 14.45 Uhr, April, Okt. nur Di–So | ab Wyk, Fähranleger 3 |* 7 *Euro).* Das ideale Verkehrsmittel auf Föhr ist ansonsten das Fahrrad. Die Höhenunterschiede sind gering, und neben den Hauptstraßen gibt es zahlreiche, für Radler ideale, asphaltierte Versorgungswege. Die Strecken zwischen den Inseldörfern sind per Zweirad bequem zu schaffen. Wer allerdings gegen den Wind strampeln muss, kann trotzdem ganz schön ins Schwitzen kommen. Aber selbst das ist genauso wenig ein Argument gegen das Rad wie dräuende Regenschauer, denn die Entfernungen zwischen den Dörfern sind so gewaltig nicht, vielerorts gibt es Möglichkeiten, sich während eines Schauers unterzustellen, und in der weitgehend baumlosen Marsch lockt das beliebte und viel genutzte *Radl-Rast (Mo–Sa 11–17 Uhr | Aussiedlungshof 11 | Tel. 04681/27 55)* [112/113 C/D2] mit Speis und Trank.

Insider Tipp

Von Wyk über Nieblum bis nach Utersum zieht sich der 15 km lange, schöne Sandstrand hin. Baden können Sie hier fast überall. Bewachte Strandabschnitte gibt es in Wyk, Nieblum, Goting und Utersum. Von Mitte April bis Ende September ist es

MARCO POLO HIGHLIGHTS

★ **Dr.-Carl-Haeberlin-Friesenmuseum**
Kleines, feines Heimatmuseum in Wyk (Seite 59)

★ **Sandwall**
Alte Promenadenherrlichkeit, Geschäfte und Cafés in Wyk (Seite 60)

★ **St. Laurentii**
Kirche in Süderende, auf dem Friedhof „sprechende" Grabsteine (Seite 56)

★ **Carl-Haeberlin-Straße**
Kapitänshäuser in der einzigen historischen Straße Wyks (Seite 59)

★ **Nieblum**
Jahrhundertealte Reetdachhäuser unter nicht ganz so alten Bäumen (Seite 48)

★ **Museum „Kunst der Westküste"**
Ein neues Museum, konzipiert als Ort ungezwungener Begegnung (Seite 53)

an Stränden mit Kurbetrieb verboten, die hübschen, aber erstaunlich lauten und bisweilen sogar gefährlichen Lenk- und Sportdrachen steigen zu lassen.

■ AUSKUNFT FÜR FÖHR ■

Erste Anlaufstelle für alle, die Föhr zum ersten Mal besuchen, ist das *W.D.R.-Servicegebäude* am Hafen *(Am Fähranleger 1)*. Die kostenlose Broschüre „Insel Föhr – Das muss man wissen" und den jeden Monat neuen Veranstaltungskalender findet man hier.

Inselweites *Servicetelefon* (z. B. für die Zimmervermittlung): *04681/ 300 | Fax 30 68 | www.foehr.de*

NIEBLUM

[112 B5–6] ⭐ **Die Nieblumer sind verwöhnt. Sie wohnen in einem ausnehmend schönen Dorf, und das bekommen sie immer wieder bestätigt.** Ihr Dorf mit über 60 alten Reetdachhäusern gilt bei Denkmalpflegern als vorbildlich restauriert, wurde mehrfach ausgezeichnet, und die Zahl der Gäste spricht für sich.

Rund um die Kirche St. Johannis stehen die ältesten Häuser, manche sind über 300 Jahre alt. Im historischen Dorfkern geht und fährt man über Straßen aus Buckelpflaster. An der Hauptstraße, der *Jens-Jacob-Eschel-Straße,* bilden Linden eine schattige Allee. Überhaupt geben die vielen, teilweise betagten Bäume Nieblum eine besondere Atmosphäre, um deren Erhalt man sich sehr sorgte, als die Holländische Ulmenkrankheit von 1980 bis 1990 über 100 alte Ulmen vernichtete. Im

Dörpshus neben der Kurverwaltung informiert eine Schautafel über diesen gefürchteten Pilz, der u.a. auch die Ulmen am Wyker Sandwall zerstörte. Zum Glück wurde rechtzeitig neu gepflanzt, und so hat die Schönheit Nieblums kaum gelitten. Der Ententeich, die *Meere,* ist fast das ganze Jahr über eine Attraktion. Im Sommer der Vögel wegen, die viele gern füttern, im Winter ist er bei Frost eine prima Schlittschuhbahn.

Goting **[112 A–B5–6]**, Ortsteil Nieblums, war früher ein eigenständiges Bauerndorf. Heute gibt es nur noch wenige Höfe, dafür meist neuere Ferienhäuser. Den Charme von Nieblum sucht man hier vergebens. Aber die Nähe zum Strand hat natürlich für viele Urlauber einen besonderen Reiz, zumal das ✲ *Goting-Kliff* etwas Besonderes verspricht. Seien Sie nicht enttäuscht: Das vom Sand zugewehte Kliff ist nicht sonderlich hoch. Dafür ist der Blick vom Strand aufs Meer hinaus und hinüber nach Amrum umso schöner.

■ SEHENSWERTES ■

ST. JOHANNIS

Die größte Kirche der Insel, auch Friesendom genannt, überwiegend aus Backsteinen erbaut, wurde 1240 zum ersten Mal erwähnt. Von diesem ersten Kirchenbau wurden Granitquader und Tuff wieder verwendet. Das romanische Langschiff wurde im 13. Jh. um Chor, Apsis und Querhäuser erweitert. Sehenswert sind besonders der Flügelaltar aus dem 15. Jh., der Taufstein aus dem 12. Jh., die Kanzel von 1618 mit niederdeutschen Bibelsprüchen, der Sakramentenschrank von 1487 sowie die Grab-

platten und -steine im Südquerhaus.
Über die 1775 im Alter von 36 Jahren
verstorbene Eycke ist hier zu lesen:
„Sie wurde zweimal verheiratet. Ihr
erster Ehemann ruhet zu ihrer Seite,
mit welchem sie den 1.ten Nov. 1762
in den Ehestand getreten und darin 7
glückliche und vergnügte Jahre zuge-
bracht. Nach dessen Absterben ver-
ehelichte sie sich mit Harre Petersen.
Nachdem sie das Unbeständige und
Kummervolle dieses Lebens erfahren
und dadurch an ihrem Glauben ge-
läutert wurde, ist sie in den Armen
ihres Erlösers entschlafen."

Diese Inschrift ist ein schönes Beispiel einer außerordentlichen Grab-
kultur, die durch die Lebensgeschichten der Toten wirklich an sie
erinnerte. In Nieblum weiß man übrigens noch heute, dass Eycke Jensens
zweite Ehe so kummervoll war, weil
Harre Petersen schrecklich viel trank.
Außerdem glaubt man, dass die In-
schriften eine Ferntrauung dokumen-
tieren. *So–Fr 9–18 Uhr; Kirchen-
und Orgelführung: Termine s. Aushang an der Kirche und beim Tourismusservice*

◼ ESSEN & TRINKEN ◼

ALTES LANDHAUS
Im historischen Friesenhaus mit
Landhauscharme isst man schmack-
hafte Fleisch- und Fischgerichte. Die
Gerichte der Mittagskarte sind gut
und günstig. *Di geschl. | Bi de Süd 22
| Tel. 04681/25 72 | €€–€€€*

CAFÉ KOHSTALL
Im gemütlich ausgebauten Kuhstall
gibt es selbst gebackenen Kuchen,
Waffeln und Eisbecher. Auf Vorbe-
stellung können Sie freitagabends

Nur ein paar Meter hoch, aber auf Föhr
einzigartig: Goting Kliff

Salzwiesenlamm und dienstagabends
Spanferkel essen *(€€). Di–So 13.30–
18.30 Uhr | Jens-Jacob-Eschel-Str.
12 | Tel. 04681/57 03 58*

Insider
Tipp

CAFÉ NIEBLUM
Nachmittags ist hier vor allem Friesentorte gefragt, doch auch die Waffeln, das Eis und das Krabbenbrot
können sich schmecken lassen. *An
der Meere | Tel. 04681/747 19 40*

CAFÉ WILDFANG

Weg vom Nieblumer Trubel: Im Ortsteil Goting steht auf einer Wiese ein Haus mit einer Scheune, in der (und auf der Wiese davor) Kaffee, Tee und Kuchen serviert werden – ganz entspannt. *Uasteranjstich 4 | Tel. 04681/74 12 66*

FÖHRER TEESTUBE

Sehr stilvolles Café mit Terrasse und Bauerngarten, in dem Friesenwaffeln und (Do abends) Flammkuchen besonders gut munden. Das Café ist Teil eines kleinen Komplexes mit einem Kunstausstellungsraum im ersten Stock und einer „Kerzenscheune", in der man selbst Kerzen fabrizieren kann. *Mo geschl. | Poststrat 7 | Tel. 04681/58 01 43*

KLIFF-CAFÉ ☀   [112 A6]

Zum hausgemachten Kuchen gibt's gratis eine schöne Aussicht aufs Meer. Der Garten ist ein *Minigolfplatz* mit interessanten Bahnen. *Nov.–Feb. nur Sa u. So | Klaffwai 61 | Goting | Tel. 04681/36 60*

WEBSTUBE

Kreative Küche – testen Sie die Vorspeisen zum Kombinieren! Kuchen, Kaminabende im Winter, Terrasse im Sommer, günstige Mittagsgerichte. Herz, was willst du mehr? *Mi geschl. | Rundföhrstr. 1 | Tel. 04681/46 23 00 | €€*

■ EINKAUFEN ■

ALTES FRIESISCHES THEEHAUS

Riesige Auswahl an Tee und allerlei Schnickschnack in sehenswerten, urigen Verkaufsräumen. *Jens-Jacob-Eschel-Str. 13*

FÖHRER ANTIQUITÄTEN

Die schönsten Stücke aus Alfred Hübners Sammlung alter Öfen und Ofenplatten sind leider unverkäuflich. Aber auch die zweitschönsten und viele andere Dinge, beispielsweise alte Petroleumlampen, sind verlockend. *Mo–Sa 16–18 Uhr | Grevelingstieg 10*

LADEN NO 1

Größtenteils geschmackvolles nordisches Design zum Verschenken und Selberbehalten. Die meisten Kunden bevorzugen Letzteres. *Poststrat 1*

■ ÜBERNACHTEN ■

CAFÉ OSTERHEIDE

Nur 300 m vom Nieblumer Strand liegt sehr ruhig dieses Café (kleine Speisekarte), das auch 13 gemütliche, sehr gut ausgestattete Zimmer anbietet. *Heidweg 18 | Tel. 04681/ 28 95 | Fax 28 96 |www.foehr-hotel-osterheide.de | €– €€*

VILLA WITT

In diesem traditionsreichen Haus können Sie sehr komfortabel wohnen, im Restaurant gut speisen *(€€€)* und im Garten unter alten Bäumen Kaffee trinken. Zur Villa Witt gehört auch ein empfehlenswertes Bistro *(€€–€€€)* mit einer Vinothek. *4 Zi., 3 Suiten | Mitte Jan.–Mitte Feb. geschl. | Alkersumstieg 4 | Tel. 04681/587 70 | Fax 58 77 58 | www.hotel-witt.de | €€€*

■ STRÄNDE ■

Ungefähr eine Viertelstunde gehen Sie vom Ortszentrum zum über 5 km langen Sandstrand. Westlich vom Goting-Kliff ist er für FKK-Anhänger reserviert, und östlich dürfen auch Hunde mit.

AM ABEND

CAFÉ STEUERMANN ▶▶

Dem hübschen Bistro *(€)* mit Biergarten ist die Speeldeel angeschlossen mit Kicker, Billard und Darts. *Mo–Sa ab 17.30 Uhr | Kertelheinallee 12 | Tel. 04681/74 76 79*

AUSKUNFT

FÖHR TOURISMUS GMBH

Zimmernachweis; Zweigstelle der W.D.R. *Im Dörpshus, Poststrat 2 | 25938 Nieblum | Tel. 04681/25 59 | Fax 34 11 | www.nieblum.de*

ZIELE IN DER UMGEBUNG

LEMBECKSBURG ⚜   [112 A4]

Der grasbewachsene Ringwall auf dem Geestkern ist durchschnittlich noch 7 m hoch und bietet eine schöne Rundumsicht. Der Burginnenraum hat einen Durchmesser von 95 m und ist im Süden geöffnet. Dort war einst vermutlich ein Tor. Die Geschichte der Burg ist noch nicht völlig erforscht. Aber bei Grabungen 1951/52 fand man Bebauungsreste, Scherben und Gefäße, die zeigten, dass die Burg in der Wikingerzeit (9./10. Jh.) entstanden sein muss.

Benannt ist sie nach dem Ritter Klaus Lembeck, der 1362 vom dänischen König Waldemar Atterdag zum Lehnsherrn von Föhr, Amrum und Sylt bestimmt wurde. Lembeck führte aber ein so tyrannisches Regiment, dass der König selbst gegen ihn zu Felde zog. Zusammen mit verbündeten Friesen belagerte er die Burg und vertrieb schließlich den unedlen Ritter.

In diesem Ringwall stand vor über 1000 Jahren die Lembecksburg

OEVENUM

TRAUMSTRASSE  [111 E–F5–6, 112 A5]
Von *Goting* über *Witsum* und *Hedehusum* führt die knapp 5 km lange Traumstraße nach *Utersum*. Diese leicht hügelige Straße auf dem Geestrücken bietet wirklich herrliche Aussichten auf Wattenmeer und Dünen. In Witsum isst man mit Blick auf Amrum sehr gut im *Klaar Kim-*

OEVENUM

[113 D4] Es ist ein Vergnügen, durch den gut erhaltenen historischen Ortskern nördlich der Hauptstraße zu schlendern. Wer allerdings donnerstags nach Oevenum kommt, um den kleinen Wochenmarkt zu besuchen, bekommt vor lauter Trubel und Gedränge nicht

Charaktervogel der Inseln, unübersehbar und unüberhörbar: der Austernfischer

ming (Di geschl. | Traumstr. 10 | Tel. 04683/387 | €€).

Lohnend könnte bei Witsum ein kleiner Abstecher Richtung Waterkant sein, so man denn ein Fernglas dabeihat. Ein Sandweg führt von der Traumstraße an den Strand zum Mini-Vogelschutzgebiet *Godelniederung* [111 F5], wo sich besonders zur Brutzeit wunderbar Austernfischer beobachten lassen.

viel von den hübschen Friesenhäusern zu sehen. An den anderen Tagen ist es hier um die Mittagszeit aber so still wie in einem südeuropäischen Dorf während der Siesta.

■ SEHENSWERTES ■

DORFMUSEUM
„DAS LEBEN AUF DEM LANDE"
Durch bewundernswerte private Initiative ist das kleine Museum direkt

am Rand der Marsch entstanden. Heie Martens-Sönksen lässt seine Exponate vom Leben und Arbeiten auf dem Land erzählen. *Di–So 14 bis 17 Uhr, sonst und im Winter nach Absprache | Buurnstraat 48 | Tel. 04681/26 73 | Eintritt 1,50 Euro*

EINKAUFEN

DE OLE THEESTUV

Über 200 Teesorten sind im Angebot, ebenso wie Kunsthandwerkliches. *Di–Fr 10–12 u. 14–18, Sa 10 bis 12 Uhr | Dörpstraat 49*

TÖPPERHUS OEVENUM

Petra Stölten offeriert Arbeiten aus eigener Werkstatt. *Mo–Fr 14–18 Uhr und wenn die Tür geöffnet ist | Dörpstraat 20 a*

ÜBERNACHTEN

LANDHAUS LAURA

16 individuell eingerichtete Zimmer in einem über 300 Jahre alten ehemaligen Reethof. Restaurant *(Di geschl., €€)* mit regionaler Küche. Im wundervollen romantischen Innenhofgarten gibt es ab mittags Kuchen und kleine Gerichte. *Mitte Nov.–Mitte Dez. u. Mitte Jan.–Mitte Feb. geschl. | Buurnstraat 49 | Tel. 04681/597 90 | Fax 59 79 35 | www.landhaus-laura.de | €€€*

RACKMERS HOF 🔊

Ganz neues, schmuckes Hotel in einem um einen Neubau erweiterten, renovierten historischen Friesenhaus. Elf Suiten mit Küchenzeile und Terrasse, kleiner Wellnessbereich. *Buurnstraat 1 | Tel. 04681/74 63 77 | Fax 741 28 44 | www.rackmers.de | €€€*

ZIELE IN DER UMGEBUNG

ALKERSUM [112 C4]

Im Dorfkern entstand und entsteht noch der Gebäudekomplex des ⭐ Museums *„Kunst der Westküste".* Das ca. 10 Mio. Euro teure Objekt ist eine Stiftung des aus Föhr stammenden Unternehmers Frederik Paulsen, dessen Sammlung auch den Grundstock der Dauerausstellung bildet: etwa 250 Gemälde mit Motiven der Nordseeküste von Bergen in Norwegen bis Bergen in Holland, u. a. Werke von Max Liebermann und Emil Nolde. „Das Museum soll aber auch ein Ort der fröhlichen Begegnung sein, zur Rast oder zum Schnack", erläutert der Gründer das Konzept, das u. a. auch eine Gaststätte vorsieht. *Teileröffnung im Frühsommer 2008, Einweihung des letzten Bauabschnitts 2010*

MIDLUM [112 C3–4]

Nur 1 km nordwestlich liegt das Dörfchen Midlum, das nicht ganz so malerisch ist, aber auch viele schöne alte Häuser vorzuweisen hat. Statten Sie dem Atelier des über Föhr hinaus bekannten Malers Dax einen Besuch ab *(Dörpstraat 53 | Tel. 04681/946).*

Wer Appetit auf gute Torten hat, sollte ein Stück weiter die *Alte Schule* aufsuchen, deren Schmuckstück der verwinkelte Garten ist, mit lauschigen Plätzchen zum Genuss der süßen Sachen *(Mitte März–Okt. | Dörpstraat 28 | Tel. 04681/84 31).*

OLDSUM

[111 F2] Die Oldsumer Mühle, südöstlich des Dorfs gelegen, lockt schon von weither zu einem besonders schönen Ort.

OLDSUM

Mit seinen alten, liebevoll gepflegten Reetdachhäusern und Bauerngärten hat Oldsum auch deshalb eine besondere Atmosphäre, weil sich seine sendorf sucht, wird sich hier wohlfühlen. Im <mark>alten Ortskern</mark> bietet Oldsum das Bild eines intakten, gemütlichen Friesendorfs, in dem die Zeit ein wenig langsamer zu vergehen scheint.

Klintum und *Toftum* **[110 A2]** waren einst selbstständige Dörfer, sind inzwischen aber Ortsteile von Oldsum geworden und mit diesem zu einem rundum hübschen Straßendorf zusammengewachsen.

Eine von fünf Windmühlen auf Föhr ist die mit Reet verkleidete in Oldsum

■ SEHENSWERTES ■

MARY'S HAUS
Der Maler Enzian Calvados, der eigentlich Dr. Boskamp heißt und gelernter Chemiker ist, zählt zu den Originalen der Insel. Seine vollständige Berufsbezeichnung gibt er mit „Maler und Sprücheklopfer" an, und viele Besucher finden an den farbenprächtigen und kraftvollen Bildern und Sprüchen des Künstlers gleichermaßen Gefallen. *Mi u. Sa 15–18 Uhr, sonst, wenn die Tür offen steht oder nach tel. Anmeldung | Haus 72 | Tel. 04683/373*

MÜHLE
Nachdem die alte Mühle 1900 abgebrannt war, wurde der eindrucksvolle Galerie-Holländer erbaut, der bis Mitte der 1950er-Jahre in Betrieb war und Anfang der 1970er-Jahre restauriert wurde. Die Mühle ist leider nur von außen zu betrachten. *Eemelkels Way*

STELLYS HÜÜS
Dieser Familienbetrieb allein ist einen Ausflug in das Dorf Oldsum wert: Vater Stelly hat aus Erinnerungs- und Fundstücken ein überbor-

Vorzüge noch nicht überall herumgesprochen haben. Das Angebot für die Urlauber hält sich deshalb auch in bescheidenen Grenzen. Aber wer Ruhe in einem ursprünglichen Friesendorf sucht

dendes, kurioses kleines *Museum (Eintritt frei)* gemacht und alle Exponate witzig und liebevoll beschriftet. Nebenan, in der ehemaligen Scheune des Friesenhauses, kann man Tochter Annetta bei der Arbeit an ihren geschmackvollen und preiswerten *Töpferarbeiten* zuschauen und im *Café* von Tochter Susanne – bei gutem Wetter auch draußen – köstlichen selbst gemachten Kuchen verspeisen. *Nov.–März nur Mi–So 14 bis 18 Uhr*

ESSEN & TRINKEN
GALERIE-CAFÉ IM APFELGARTEN
Selbst gemachte Kuchen, Suppen und Salate, im Sommer gibt's ab 18 Uhr warmen Zwiebelkuchen. Daneben werden Kunstausstellungen und gelegentlich Hauskonzerte veranstaltet. *Nov.–März geschl. | Haus 86 | Tel. 04683/898 | €*

UAL FERING WIARTSHÜS
Im alten Föhrer Wirtshaus gibt's solide, einfache Kost: von Schnitzel bis Scholle. *Di geschl. | Haus 141 | Tel. 04683/465 | € – €€*

EINKAUFEN
ART & WEISE ▶▶
Hier finden Sie neben schönen Geschenken hörenswerte CDs zur Entspannung vom Föhrer Hauke Nissen. Der Künstler verbindet die Klänge der Insel und des Meeres mit seiner Musik. *Haus 56 (ausgeschildert) | www.haukenissen.de*

MARINK
Schräg gegenüber von Stellys Hüüs hat sich dieses Paradies für Dekofans und Bastelfreaks eingerichtet. Hier werden alle fündig, die Schnickschnack fürs Zuhause suchen. *Mo–Fr 9.30–18, Sa 9.30–16 Uhr*

❯ BÜCHER & FILME
Lesens- und Sehenswertes zu Inseln, Friesen, Watt

❯ **Der Halligpastor** – Wilhelm Lobsiens Erzählung über Einsamkeit, Liebe und den Stolz der Friesen hat auch nach fast hundert Jahren etwas Magisches.

❯ **Das große Nordfriesland-Buch** – Umfassende Informationen zu Geschichte, Sprache, Kunst, Kultur und Wirtschaft in Nordfriesland, sehr schön bebildert (Hrsg. Thomas Steensen).

❯ **Nordstrand, Pellworm und die Halligen** – Die ganze Faszination des Wattenmeers fängt Georg Quedens mit seinen Fotos und Texten ein.

❯ **Das Grab im Deich** – Nach „Mit der Flut kommt der Tod" und „Der Austernmörder" der dritte Fall für Wasserbauinspektor Sönke Hansen. Tolle historische Krimis von Kari Köster-Lösche, die auf Langeneß lebt.

❯ **Das Zimmermädchen** – 2005 auf Amrum gedrehter, amüsanter TV-Streifen über eine ungewöhnliche (Film-)Romanze zwischen einem knuffigen Axel Milberg und einer süßen Stefanie Stappenbeck.

❯ **Das Leben im Wattenmeer** – Auch wenn der größte Teil in Holland gedreht wurde – Wattenmeer ist Wattenmeer. Die Dokumentation von Hugo van Lawick (DVD, 2006) vermittelt viel Wissenswertes in wundervollen Bildern.

Insider Tipp

MARMELADE & CO.

Fruchtaufstriche, Liköre, Senf, Öl, Essig – hausgemacht und so süß verpackt, dass man es gar nicht öffnen möchte. *Mo–Fr 14–18 Uhr | Haus 225 | www.marmelade-und-co.de*

SÜDERENDE

[111 F3] Süderende ist ein angenehmes Dörfchen, dessen durchaus sehenswerten Ortskern die meisten Gäste allerdings im wahrsten Sinn des Wortes links liegen lassen, um die Kirche St. Laurentii südlich des Orts zu besuchen.

>LOW BUDGET

> Da Dunsum etwas abseits liegt, sind Kuchen, Bockwurst & Co. und der Mittagstisch im Café *Zum Wattenläufer* gleich hinterm Deich ein echter Tipp. Schmankerl: günstiger Gummistiefelverleih für die hier startenden Wattwanderungen. *Do geschl.*

> Das Restaurant *Zum Schlachter (Kertelheinallee 1 | Nieblum | Tel. 04681/58 02 08)* hat's in sich: große Portionen (Steaks, Schnitzel, Schollenvariationen) zu kleinen Preisen. Mit Garten. Sehr beliebt.

> Der *Freizeithelfer-Laden (Sandwall 38 | Wyk | Tel. 04681/503 49)* hat für Groß und vor allem Klein jede Menge Spaß im Angebot: von der Gutenachtgeschichte über Wattführungen und Bastelnachmittage bis zur jährlichen Kinder-Piratenwoche (Ende Juli). Die Teilnahme ist kostenlos oder gegen einen geringen Beitrag möglich. Preise und Termine im Föhrer Veranstaltungskalender oder auf *www.freizeithelfer-wyk.de.*

■ SEHENSWERTES ■
ST. LAURENTII ⭐

Die Kirche ist von den Dörfern, für die sie zuständig ist, nämlich Hedehusum, Utersum, Dunsum, Oldsum und Süderende, fast gleich weit entfernt. Der romanische Granitquaderbau wurde mit Backsteinen erweitert. Sehenswert sind der Altarschrein aus dem 15. Jh., die romanische Taufe und der berühmteste Grabstein Föhrs, der des „glücklichen Matthias", der ausnahmsweise lateinisch beschriftet ist. Glücklich gepriesen wurde der als Matz Petersen am 24. Dezember 1632 in Oldsum geborene Matthias, der am 16. September 1706 starb, weil er als erfolgreicher Walfangkommandeur am Fang von 373 (!) Walen beteiligt war. *Tgl. 9 bis 18 Uhr; Kirchen- und Friedhofsführung (besonders interessant) s. Aushang an der Kirche*

■ ESSEN & TRINKEN ■
DIE SCHEUNE

Als eines der besseren Restaurants in Westerland-Föhr darf es in diesem Band nicht fehlen. Auch wenn die Qualität von Speisen und Service dem Preis- und Anspruchsniveau nicht immer gerecht wird. *Mo u. Nov. bis Ostern geschl. | Haus 60 | Tel. 04683/96 25 67 | €€€*

■ ÜBERNACHTEN ■
LANDHAUS ALTES PASTORAT

In dem geschmackvoll eingerichteten Hotel in einem Reetdachhaus von 1762, das im April 2009 nach umfassender Renovierung wiedereröffnet, können Hausgäste auch angemessen speisen. *4 Zi., 4 Suiten | Mitte Nov. bis Mitte Dez. geschl. | Tel. 04683/*

226 | Fax 250 | www.landhaus-altes-pastorat.de | €€€

■ ZIELE IN DER UMGEBUNG ■

GROSS-DUNSUM [111 E2]

Hier treffen sich die Wanderer, die durchs Watt nach Amrum wollen (Parkplatz am Deich). Termine für Führungen sind dort angeschlagen, aber auch bei den Kurverwaltungen zu erfahren. Die Wattwanderung zur Nordspitze von Amrum (8 km) dauert 2–2,5 Stunden und darf auf keinen Fall ohne ortskundigen Führer unternommen werden! Zurück geht's von Wittdün nach Wyk per Fähre.

WATTWANDERUNGEN

Kapitän Oluf Jensen, ein waschechter Friese und Seebär, bietet Wanderungen unter anderem zur Amrum-Odde und zum Festland an. Die Gruppen sind klein und werden beim Wandern ökologisch wie kulturhistorisch sehr gut und kenntnisreich unterrichtet. *Dauer ca. 4 Std., Termine im Veranstaltungskalender | 5 Euro | Tel./Fax 04683/14 18*

UTERSUM

[111 D3–4] Der Ort im Südwesten der Insel ist mit seinen vielen neueren Ferien- und Wohnhäusern weniger anheimelnd als andere. Allerdings ist der breite Sandstrand eine besondere Attraktion. Utersum ist ein anerkanntes Nordseebad und beherbergt eine große Rehabilitationsklinik.

■ SEHENSWERTES ■

SUNBERIG

Einige Schritte nördlich der Kurverwaltung am Strand, direkt hinterm

Auf nach Amrum – barfuß durchs Watt!

Deich, liegt ein rund 5000 Jahre altes Grab aus der Steinzeit, das in der Bronzezeit wieder belegt wurde. Bei der Öffnung 1895 fand man eine mit drei großen, flachen Steinen abgedeckte Grabkammer und als Grabbeigaben ein Feuersteinbeil und eine Scherbe mit Ösenhenkel. *Strandweg*

TRIIBERGEM

Nur etwa 300 m vom Strand entfernt liegen diese drei Hügelgräber aus der Bronzezeit zwischen 1800 und 500 v. Chr. *Triibergem*

■ ESSEN & TRINKEN ■

ENZO'S PESEL

Insider Tipp

Italien am Rand der Marsch. Enzo macht eine sehr gute Pizza, produziert aber auch aus regionalen Produkten ansehnliche Gerichte mit italienischem Einschlag. *Di geschl.* | *Ban Taarep 1* | *Tel. 04683/14 63* | €

STAL HUK

„Hier wird selbst der Landmann satt", lautet die zutreffende Selbsteinschätzung. Regelmäßig steht hier friesischer Kohlpudding auf der Tageskarte, eine Spezialität, die nicht jeder mag, die allerdings auch nicht oft angeboten wird. *Mo u. Jan., Feb. geschl.* | *Lung Jaat 1* | *Tel. 04683/ 13 74* | €

UAL SKINNE

Leckere Kuchen werden auf der Terrasse oder im gemütlichen Café serviert. Dasselbe dient ab 18 Uhr auch als Restaurant, in dem es auch Französisches wie Froschschenkel oder einen Schmorapfel mit köstlicher Boudin, der Blutwurst der Provence, gibt. *Mi geschl.* | *Boowen Taarep 11* | *Tel. 04683/13 98* | €€

■ ÜBERNACHTEN ■

GASTHAUS KNUDSEN

Komfortables, behagliches, neues Haus. Im Gasthausrestaurant gibt's gute Fisch- und Wildgerichte. *10 Zi.* | *April–Okt.* | *Boowen Taarep 15* | *Tel. 04683/308* | *Fax 798* | *www.gasthaus.knudsen.de* | €

ZUR POST

Solides Haus mit Sauna, Solarium, Liegewiese und kleinem Schwimmbad. Gutbürgerliche Küche im zugehörigen Hotelrestaurant *(6 Zi., Restaurant Mi geschl.)* um die Ecke. *18 Zi.* | *Boowen Taarep 7* | *Tel. 04683/ 94 10 12* | *www.hotelrestaurantzur post.de* | €€

■ AUSKUNFT ■

FÖHR TOURISMUS GMBH

Allgemeine Informationen, Veranstaltungstermine und W.D.R.-Fahrkarten. Außerdem Strandkorbvermietung und Zimmervermittlung. *Im Haus des Gastes* | *Klaf 2 (am Strand)* | *25938 Utersum* | *Tel. 04683/346* | *Fax 13 61* | *www.utersum.de*

WYK

 **KARTE IN DER HINTEREN UMSCHLAGKLAPPE**

[113 D–F5–6] Mit der Fähre von Dagebüll erreicht man nach nur 45 Minuten den Hafen an der geschützten Ostseite der Insel. Bevor die Fähre tutend vor dem Anleger dreht, bekommt man als Erstes die einzigen gravierenden Bausünden zu sehen: Neben dem alten Stadtkern von Wyk stehen einige hässliche mehrstöckige Kästen, die allerdings von See aus unangenehmer wirken als im Ort selbst. „Der Ort in der Bucht", so lautet die Übersetzung von *in de Wiek,* ist spät, nämlich um das Jahr 1600 entstanden und hat erst seit 1924 eine eigene Kirche, als nämlich *Boldixum* **[113 E5]** samt St.-Nicolai-Kirche Wyk eingemeindet wurde.

Wyk ist eine lebendige kleine Stadt mit angenehmer Atmosphäre. Zu den rund 4450 Ew. kommen jedes Jahr ca. 110000 Urlauber und viele Tagestouristen dazu. Es gibt zwar nur wenige Häuser, die älter sind als hundert Jahre, aber viele hübsche kleine Villen, schöne Gärten und herrliche Bäume. Der *Sandwall* ist Kurpromenade und Flaniermeile in einem. Viele Tagesbesucher kommen über ihn kaum hinaus, dabei sind die Straßen in den Wohnvierteln wirklich einen Spaziergang wert. Und ab und zu trifft man dabei auf unvermutete Attraktionen. Im Wäldchen zwischen Feld- und Badestraße gibt es beispielsweise ein *Freigehege* für allerlei Vögel, die hier in der Wildtiernotaufnahmestation gesund gepflegt werden.

DR.-CARL-HAEBERLIN-FRIESENMUSEUM ⭐

Hier können Sie nachvollziehen, wie aus Seetorf Salz gewonnen wurde, eine vollständige Goldschmiedewerkstatt aus dem 19. Jh. betrachten und durch das Haus Olesen, das älteste der Insel aus dem Jahr 1617, gehen – oder dort sogar heiraten. Es

Denkmalgeschützt: die knuffigen Kapitänshäuser in der Carl-Haeberlin-Straße

SEHENSWERTES

CARL-HAEBERLIN-STRASSE ⭐

Zwei schlimme Brände zerstörten 1857 und 1869 große Teile Wyks. Vom historischen Ortskern hat nur diese entzückende schmale Gasse mit den bescheidenen Kapitänshäusern und ihren Rosenstöcken vor der Tür Feuer und Abrissbirne intakt überlebt. Sie steht deshalb unter Denkmalschutz.

stand einst in Alkersum, wurde dort zerlegt und neben dem Museum wieder aufgebaut. Eine Bockwindmühle von der Hallig Langeneß steht auch auf dem Gelände, und die beiden Eingänge zum schönen Museumsgarten werden von Repliken der Unterkieferknochen eines Blauwals gebildet. *Mitte März–Okt., Di–So 10 bis 17 Uhr; Juli, Aug. tgl. 10–17 Uhr; Nov.–Feb. Di–So 14–17 Uhr | Reb-*

belstieg 34 | Eintritt 2,80 Euro |
www.friesen-museum.de

GLOCKENTURM
1886 wurde der dritte Glockenturm an dieser Stelle errichtet, weil auch der zweite einem Sturm zum Opfer gefallen war. Manchem mag er etwas unnütz erscheinen, da es weit und breit keine Kirche gibt. Das aber war der Grund für den Turmbau. Denn nun konnten die Wyker mit einer Glocke vor Sturmflut oder Feuer gewarnt und zum Kirchgang gerufen werden. Die Glocken von St. Nicolai in Boldixum sind nämlich nur zu hören, wenn der Wind günstig steht. *Ecke Große Str./Mittelstr.*

HAFEN
Hier ist immer etwas los, denn im Sommer stehen täglich bis zu 40 An- und Abfahrten der fünf Fähren auf dem Fahrplan. Nur wenige Schritte von den Anlegeplätzen entfernt residiert die *Wyker Dampfschiffs-Reede-*

Krabben- und Muschelkutter im Alten Hafen von Wyk

rei. Dort können Sie Fahrkarten für Ausflüge kaufen und sich die Reservierung für Ihre Rückfahrt bestätigen lassen, falls Sie mit dem Auto gekommen sind und dies nicht schon bei der Buchung erledigt haben.

Im *Alten Hafen* neben dem Fähranleger liegen neben anderen Schiffen die Muschelkutter, an der *Alten Mole* machen die Ausflugsdampfer fest, und im kleinen *Yachthafen* davor können auch Besucherboote vor Anker gehen *(Auskünfte beim Hafenmeister | Tel. 04681/50 04 30).*

MÜHLE „VENTI AMICA"
Dieser Galerie-Holländer, „Freundin des Windes" genannt, wurde 1879 erbaut. Die Föhrer Heimatdichterin Stine Andresen (1849–1927) lebte hier 1879–96 mit ihrem Mann, dem Müller. Die Mühle *(Mühlenstr. 33)* ist Privatbesitz und nur von außen anzuschauen.

Schräg gegenüber liegt ein kleiner botanischer Park mit Bänken, Wasserspiel und Boulebahn, der abends wunderschön beleuchtet wird.

SANDWALL ⭐ 🌿
Auf ihre Zeit als königliche Sommerfrische sind die Wyker immer noch stolz, und ihr verdanken sie auch ihre feine Promenade, den Sandwall. Die meisten der Ulmen, die der dänische König den Wykern einst für ihre Flaniermeile schenkte, fielen der Ulmenkrankheit zum Opfer. Vor den Geschäften, Cafés und Hotels ist ein großes Stück der Promenade als schmaler Park angelegt und erlaubt zwischen den ersatzweise gepflanzten Kastanien schöne Aussichten auf Halligen, Wasser, Badestrand und die

FÖHR

beiden alten Anlegebrücken. Der Stolz der Wyker wird derzeit noch schöner und bis Ende 2009 behutsam und etappenweise umgestaltet unter Einbeziehung des hübschen, alten *Musikpavillons:* mit einem ins Meer ragenden Holzdeck an der Mittelbrücke und einem *Gezeitenbrunnen.*

Vom Sandwall gehen die *Große Straße* und die *Mittelstraße* mit zahlreichen Geschäften und Restaurants ab. Beide Straßen und ihre Nebenstraßen sind wie der Sandwall für Autos und Radfahrer tabu.

Ganz am südlichen Ende der Promenade kommt man zum bescheiden wirkenden, aber kräftig blinkenden *Leuchtturm* von Wyk.

So etwas wie das Wahrzeichen des Ortes: der Wyker Glockenturm

ST. NICOLAI
Im Westen des Ortsteils Boldixum steht der imposante spätromanische Ziegelsteinbau, der 1240 zum ersten Mal urkundlich erwähnt wurde. Schauen Sie sich den Altar von 1643 von Johann von Stedesand, den Taufstein aus dem 13. Jh. und die Orgel von 1735 an. Auch auf diesem Friedhof finden sich viele alte „sprechende" Grabsteine, die Geschichten aus längst vergangenen Zeiten erzählen. *Mo–Sa 8–16.15 Uhr; So nach dem Gottesdienst bis 16.15 Uhr; Führung, z. T. mit Orgelvorführung, s. Aushang an der Kirche und beim Tourismusservice*

■ ESSEN & TRINKEN ■
ALT WYK
Für viele das beste Restaurant der Insel. Hervorragende, kreative Küche mit Produkten der Saison. Gute Weine, edle Digestifs. *Di geschl. | Große Str. 4 | Tel. 04681/32 12 | €€€*

ALTE DRUCKEREI – DIE WEINSTUBE
Insider Tipp

Neben Weinen auch Kaffees und Gebäck, Flammkuchen und gute (nicht billige) Käseteller. Bezaubernder Innenhofgarten. Besonderheit ist das regelmäßige abendliche ▶▶ Kulturprogramm mit Musik und Lesungen. *Ganzjährig | Mittelstr 17/Hinrichsengang | Tel. 04681/74 86 00 | €€*

DIE 13
Restaurant und Café in einem denkmalgeschützten Haus von 1889. Bei schönem Wetter stehen drei Tische an der malerischen Gasse. Besonders empfehlenswert sind hier die Pfannengerichte und die Spezialitäten vom Föhrer Deichlamm. *Nov. u. 15. Jan.–Feb. geschl. | Carl-Haeberlin-Str. 13 | Tel. 04681/16 13 | €€*

GODEWIND
Geschmackvolle, gepflegte Einrichtung, gute Küche, umfangreiche Karte, freundlicher Service. Terrasse

mit Blick auf die Mühle. Spezialitäten sind Fisch- und Wildgerichte. *Do geschl. | Feldstr. 12 | Tel. 04681/ 55 52 | €€*

KLEIN-HELGOLAND

Vorm Deich mit Blick aufs Meer und den Yachthafen selbst gebackenen Kuchen essen oder herzhafte Kleinigkeiten wie Flammkuchen. Terrasse. *Di geschl. | Achtern Diek 14 | Tel. 04681/747 16 73 | €*

NO. 1

Café und Restaurant in exponierter Lage. Gute Tagesgerichte; das Beste aber ist der Blick von der Terrasse auf die Halligen und die ein- und ausfahrenden Schiffe. *Mo geschl. | Sandwall 1 | Tel. 04681/ 74 63 50 | €€*

PFANNKUCHEN-HAUS

Sie haben die Qual der Wahl zwischen 40 verschiedenen Pfannkuchengerichten, können sich aber im schönen Kaffeegarten auch Salate, Kuchen und Waffeln schmecken lassen. Kinder sind entzückt – was sich im herrschenden Geräuschpegel bemerkbar macht –, denn es gibt ein Karussell mit Musik und ein Sofa,

das Märchen erzählt. *Gmelinstr. 29 | Tel. 04681/766 | €*

SCHLEMMER-KATE

Sehr beliebt bei den Einheimischen: Zwischen Strand und Flughafen serviert man neben Baguettes und Salaten schmackhafte Kompositionen in gusseisernen Pfannen. *Strandstr. 58 | Tel. 04681/54 43 | €€–€€€*

STÖRTEBEKER

Gemütlich sitzen und gesund essen: Vollkornpizza, Vegetarisches, aber auch Fisch und Lammspezialitäten. Wein aus biologischem Anbau. *Mo geschl. | Wyk-Boldixum | Reidschott 2 (an der großen Kreuzung) | Tel. 04681/89 01 | €–€€*

▇ EINKAUFEN

DRACHENNEST FÖHR ▶▶

Das passt natürlich zu einer Nordseeinsel: Drachen in allen Spielarten und großer Auswahl; auch Windspiele. *Westerstr. 1a | www.drachennest-foehr.de*

FISCHMARKT

Neben frischen Krabben und Gemüse kann man am Hafen sonntags auch Schuhe und Tücher, Wolle und

Eigentlich ganz untypisch für Föhr: der trubelige Fischmarkt an Wyks alter Mole

allerlei Souvenirs erwerben. *Ostern–Sept. So 10–15 Uhr | Alte Mole*

FÖHRER TEEKONTOR

Friesen und Tee – das gehört nach landläufiger Meinung irgendwie zusammen. Nun gut, hier gibt's alles rund um das Kraut – auch das Hochprozentige, das die Friesen da ganz gern mal reintun. Außerdem: Leysieffer-Schokoladen. *Mittelstr. 35*

PRIVAT-SACHE

Prima Konzept: Während man hier Kaffee oder Wein trinkt, kann man in aller Ruhe überlegen, welches witzige oder elegante Wohnaccessoire man mit nach Hause nehmen möchte. *Süderstr. 15 | www.privat-sache.de*

ANKE SCHEUERMANN

Auf Föhr gibt es viele gute Schmuckdesigner. Herausragend sind die schlichten Kreationen dieser Künstlerin. *Mo–Fr | Wlhelmstr. 8 | www.ankescheuermann.de*

UWES BERNSTEINTRUHE

Uwe Petersen schleift den Bernstein, den er den Fischern abkauft, selbst. Die Auswahl ist außerordentlich. *Sandwall 58*

WOLLFLUR

Bei Gaby Brandt gibt's Felle, Naturwolle und Handgestricktes aus Wolle von den Schafen, die hinter ihrem Haus in Oldsum im Garten grasen. Besonderer Gag: Zu jedem Pulli wird ein Passbild des „Erzeugerschafs" mitgeliefert. *Boldixumer Str. 9 | www.wollflur.de*

■ ÜBERNACHTEN ■

DUUS-HOTEL 🔊

Gepflegtes Haus mit dem guten *Restaurant Austernfischer (Do geschl. | €€–€€€),* nur wenige Schritte vom Hafen entfernt. Ab 7.30 Uhr gibt es Frühstück auch für jene, die mit der ersten Fähre angekommen sind. *22 Zi. | Jan.–Mitte Feb. geschl. | Hafenstr. 40 | Tel. 04681/598 10 | Fax 59 81 40 | www.duus-hotel.de | €€*

FERING HÜS

Mitten in der Stadt liegt dieses schmucke, renovierte Haus mit seinen 19 hellen, freundlichen Zimmern. Ein Restaurant mit bodenständiger Küche *(Do geschl., €–€€)* gehört auch dazu. *Große Str. 40–42 | Tel. 04681/597 00 | Fax 59 70 37 | www.feringhues.de | €€*

JUGENDHERBERGE

Hier können Sie nur nach schriftlicher Voranmeldung übernachten. *Fehrstieg 41 | Tel. 04681/23 55 | Fax 55 27 | jhwyk@djh-nordmark.de | €*

KURHAUS HOTEL

Großzügige Zimmer im alten, renovierten Kurhaus. Sauna, Fitness. *36 Zi. | Mitte März–Okt. | Sandwall 40 | Tel. 04681/792 | Fax 15 91 | www.kurhaushotel-wyk.de | €€–€€€*

SCHLOSS AM MEER

Gepflegtes Haus in exponierter Lage am Südstrand. Mit Bar und Restaurant, Dampfbad und Sauna. *32 Zi.* | *Badestr. 112* | *Tel. 04681/586 70* | *Fax 50 18 66* | *www.hotel-schloss-am-meer.com* | €€–€€€

SPORT & STRÄNDE

Die Wyker sind stolz auf ihren schönen langen Sandstrand, der sich vom Hafen bis nach Nieblum zieht. Beim Flugplatz ist ein Stück FKK-Anhängern vorbehalten. Es gibt zwei Nichtraucherzonen, eine zwischen Mittel- und Segelbrücke und eine an der Südstrandbrücke.

AQUAWYK

Das Meerwasserwellenbad bietet 29 bis 35 Grad warmes Nordseewasser, ein Außenbecken, einen Wildwasserkanal und eine 70-m-Rutsche. Thalassotherapie und Wellness aller Art gibt's im *AquaFit* mit u. a. Saunalandschaft und diversen Pools. Im neuen *Bistro* schaut man aufs Meer oder anderen beim Schwimmen und Schwitzen zu. *Mitte Feb.–Mitte Jan. Mo–Fr 9.30–20.30, Sa 10–18 Uhr* | *Stockmannsweg 1* | *Eintritt ab 4,10 Euro* | *www.aquawyk.de*

AM ABEND

ERDBEERPARADIES

Fast schon legendär: Generationen von Föhrern, aber auch viele Festländer hatten hier ihre erste Begegnung mit dem anderen Geschlecht … Nach einigem Hin und Her ist das „EP" heute (wieder) eine Kneipe mit Biergarten, Livemusik, Tanz und vielen Veranstaltungen. *Tgl. ab 20 Uhr (Küche bis 23 Uhr)* | *Ocke-Nerong-Str. 29* | *Wyk-Boldixum* | *Tel. 04681/74 84 75* | *www.erdbeerparadies-foehr.de*

Insider Tipp

FLASCHENPOST

Ab 22 Uhr ist es gerammelt voll und die Stimmung glänzend – vor allem alle 14 Tage am Samstag, wenn Kai zum Karaoke ruft. Oder zur Astro-Vollmondparty oder zur Doktorparty.

> ELMEERE

Ein Verein will die Marschlandschaft erhalten

Bis Mitte der 1960er-Jahre war die Marschenwelt auf Föhr noch in Ordnung: Fauna und Flora wurden von Ackerbau und Viehzucht kaum beeinträchtigt. Dann aber kam die Flurbereinigung, und die Marsch, die bis dahin im Winter unter Wasser stand, wurde entwässert. In der Folge verschwanden viele Blütenpflanzen, Amphibien und etwa 20 Vogelarten von der Insel. Um die einmalige Natur des Inselinneren zu erhalten, gründete der Föhrer Dieter Risse 1993 den Verein „Elmeere", benannt nach der Seenlandschaft, die einst zwischen Süderende und Utersum lag. Sein Ziel: Kauf und Renaturierung von Grünlandflächen. Trotz anhaltenden Widerstands von Teilen der Bauern- und Jägerschaft ist die Bilanz eindrucksvoll: Bis heute wurden 70 ha Fläche aufgekauft und zum Teil aufwendig renaturiert, sodass sogar so seltene Vögel wie Rohrdommel und Löffler zurückkehren konnten. *www.elmeere.de*

Mo–Sa ab 19 Uhr | Königstr. 3 | Tel. 04681/74 15 74

GLAUBE, LIEBE, HOFFNUNG ▶▶

Die urige Kneipe, allgemein „Tante Herta" genannt, ist eine Inselinstitution. Herta war einst die Seele der Kneipe, die mit Seemannsmitbringseln aus aller Welt ausstaffiert ist und heute von ihrem Sohn geführt wird. *Ab 18 Uhr; wechselnder Ruhetag | Hafenstr. 28 | Tel. 04681/22 72*

Normalbürger zugänglich ist, liegt im Norden von Wyk gleich hinterm Deich. *Besichtigung: April–Okt. Mo–Fr 10–12 Uhr* **Insider Tipp**

WRIXUM [113 D–E4–5]

Wrixum ist mit Boldixum zusammengewachsen. Auch in diesem Straßendorf gibt es noch schöne alte Friesenhäuser. Die *Wrixumer Mühle*, ein 1851 erbauter Erdholländer, war bis 1960 in Betrieb *(Führungen Mo–Mi,* **Insider Tipp**

Aquawyk: Wenn's mal regnet, gibt's die Nordsee auch überdacht – sogar mit mehr Wellen!

OLYMPIC

Diskothek. *Hauptsaison Di–Sa ab 22 Uhr, sonst Fr u. Sa ab 22 Uhr | Koogskuhl 6 | Tel. 04681/37 44*

■ AUSKUNFT ■

FÖHR TOURISMUS GMBH

Neben der am Fähranleger gibt es weitere Auskunftsstellen im *Veranstaltungszentrum, Sandwall 38* und im *AquaWyk, Stockmannsweg 1.*

■ ZIELE IN DER UMGEBUNG ■

VOGELKOJE BOLDIXUM [113 F3]

Die einzige Föhrer Vogelkoje, die – sorgfältig restauriert – auch dem

Fr 10 Uhr | Tel. 04681/74 83 88). Heute beherbergt der Mehl- und Absackboden im Erdgeschoss das stilvoll eingerichtete Restaurant *Die Mühle (Mitte Jan.–Mitte Feb. geschl. | Tel. 04681/87 17 u. 55 62 | €€)* mit guter, reichhaltiger Küche.

1,5 km von Wyk entfernt, aber dafür besonders ruhig, wohnt man im *Inselhotel Arfsten (28 Zi. | Ohl Dörp | Tel. 04681/23 31 | Fax 47 01 | www.arfsten.de | €€).* Große Zimmer, z. T. mit eigener Küche, und ein schöner Garten. Die vorwiegend älteren Gäste schätzen die geselligen Abende mit Musik und Punsch.

> BAUERNINSEL MIT FESTLANDANSCHLUSS

Wo weitläufige Köge, fruchtbares Land, Vieh und Vögel den Ton angeben

> Die Insel [117 D–E5–6] ist seit 1907 durch einen 4 km langen Damm mit dem Festland nördlich von Husum verbunden. Mitte der 1930er-Jahre wurde er flutsicher erhöht und zur Straße verbreitert. Nordstrand ist mit dem Auto also bequem zu erreichen. Und das ist auch während des Urlaubs dort gut zu gebrauchen, denn Orte im eigentlichen Sinn gibt es auf Nordstrand nicht, und die Wege zwischen Unterkunft, Badestellen, Einkaufsmöglichkeiten und Sehenswürdigkeiten liegen meist so weit auseinander, dass man schon über eine gute Kondition verfügen muss, um ausschließlich mit dem Fahrrad zurechtzukommen. Der Linienbus der Insel verkehrt zudem nur einige Male am Tag.

Ein Zentrum fehlt der 49 km² großen Insel aus historischen Gründen. Nachdem die Insel Strand, zu der auch Pellworm, Nordstrandischmoor und große untergegangene Flächen

Bild: Hausgänse am Rand der Marsch

NORDSTRAND

gehörten, bei der Sturmflut im Oktober 1634 auseinandergerissen und zu zwei Dritteln untergegangen war, hatten die wenigen Überlebenden weder Kraft noch Mittel, Nordstrand wieder einzudeichen. So war die Insel zunächst eine Hallig, auf der einigermaßen sicheres Wohnen nur auf Warften möglich war.

1652 schloss der schleswigsche Herzog Friedrich III. mit vier Holländern einen Vertrag, der ihnen Nordstrand zu großen Teilen als Eigentum übertrug und sie im Gegenzug verpflichtete, die Insel mit neuen Deichen zu sichern. Für die Nordstrander, die die Flut überlebt hatten, war das eine bittere Entscheidung, bedeutete sie doch ihre Enteignung. Die Holländer sollen sogar um ihr Leben gefürchtet haben, so groß war die Empörung. Viele Einheimische haben die Insel in dieser Zeit verlassen, und mit ihnen verschwand auch die friesische Sprache von Nordstrand. Alltagssprache ist deshalb schon lange Plattdeutsch.

Nach und nach wurden einzelne *Köge,* d.h. tief liegendes, landwirtschaftlich nutzbares Marschland, eingedeicht. Und diese Binnendeiche, auf denen viele der Häuser stehen, bestimmen das Bild der Insel. Etliche Straßen verlaufen auf den Deichen

**Viel schöner als Windräder: „7 Flaggen"
grüßen Nordstrands Gäste**

und bieten schöne Ausblicke auf die Felder und Wiesen ringsum. Heute schützt der 28 km lange und 8 m hohe Seedeich das unter dem Meeresspiegel liegende fruchtbare Land der Köge auch vor starken Sturmfluten. Bis in die Gegenwart hat sich die Insel durch Neueindeichungen im-

mer wieder verändert. Nordstrand wird seinen Inselcharakter mehr und mehr verlieren, denn in den 1980er-Jahren wurde die Nordstrander Bucht aus Küstenschutzgründen eingedeicht. Der neue, der Beltringharder Koog, Schleswig-Holsteins größtes Naturschutzgebiet (33,5 km[2]), verbindet Nordstrand in einer Breite von fast 9 km mit dem Festland. Nordstrand hat seine jetzige Form also erst in allerjüngster Zeit erhalten. Daran, dass es eigentlich aus sieben Kögen besteht, erinnert seit 2007 die monumentale Skulpturengruppe „7 Flaggen" von Tom Müllers, deren Granit-Fahnen die Ankommenden schon von Weitem begrüßen.

Die Landwirtschaft ist auf Nordstrand nach wie vor die wichtigste Erwerbsquelle. Das Land ist so fruchtbar, dass seine Bewohner selbst in der Hochzeit der nordfriesischen Seefahrer Bauern blieben. Nordstrand hat rund 2300 Ew. und ein paar mehr Gästebetten (ca. 2400). Die Insel ist seit 1991 anerkanntes Seeheilbad und verfügt über ein modernes Kurmittelhaus und ein Schwimmbad. Im tideunabhängigen Hafen Strucklahnungshörn legen die Pellworm-Fähren an und ab, außerdem Ausflugsschiffe. Ferienwohnungen und Hotels sind auf Nordstrand vergleichsweise preisgünstig, denn für das ganz große Tourismusgeschäft fehlt der Sandstrand. Das Angebot an Restaurants ist gut, auch zwei Supermärkte gibt es.

▪ SEHENSWERTES ▪

HEIMATMUSEUM
Keramikfunde (ca. 1634) und vieles mehr zur Geschichte der Insel und

dem Leben auf ihr im 1. Stock der Kurverwaltung. *Saison: Mo–Do 8 bis 17, Fr 8–12 Uhr, Sa/So s. Aushang | Schulweg 4 | Spende erbeten*

ST. THERESIA

Die altkatholische Kirche, 1662 von den Niederländern erbaut und 1887 weitgehend umgebaut, wirkt durch ihre warmen Farben und die reiche Ausstattung völlig anders als alle anderen Gotteshäuser der Region. Sehenswert sind Altar, Christusgemälde, Taufstein und Tabernakel aus dem 17. Jh. *Im Sommer tgl. 10 bis 18 Uhr, Ostern–Sept. Di 10.30 Uhr Führungen | Süden-Osterdeich*

ST. VINZENZ

Der großen Flut von 1634 fielen 18 Kirchen zum Opfer. Nur die beiden Pellwormer Kirchen und die St.-Vinzenz-Kirche aus dem 13. Jh. blieben erhalten. Durch mehrfache Renovierungen ist von ihrer ursprünglichen Gestalt leider nichts mehr zu erkennen. Sehenswert sind aber der spätgotische geschnitzte Altar (um 1480), das Kruzifix an der Südwand (um 1400), die reich verzierte Kanzel, der achteckige, marmorne Taufstein, im 15. Jh. aus Belgien importiert, und Grabsteine aus dem 17. Jh. im Altarraum und an der südlichen Außenwand. *Im Sommer tgl. 8.30–18 Uhr (Führungen nach Absprache: Tel. 04842/309) | Odenbüll 15*

■ ESSEN & TRINKEN

AM HEVERSTROM

In dem Hotelrestaurant direkt am Süderhafen stimmen Atmosphäre, regionale Küche und Service. Im mit alten Möbeln eingerichteten Restaurant steht der schönste Tresen Nordstrands. Die elf Zimmer (€–€€) sind modern, aber gemütlich eingerichtet. *Di geschl. | Heverweg 14 | Tel. 04842/80 00 | Fax 72 73 | www.am-heverstrom.de | €€*

MÜHLENCAFÉ GLÜCK ZU (ENGEL-MÜHLE)

Theoretisch könnte Konditor Kreutzfeld sein Mehl selbst mahlen, denn die Engel-Mühle von 1888 ist voll funktionsfähig. Sie kann nach Voranmeldung besichtigt werden. Von 12 bis 14 Uhr gibt's Herzhaftes beim Mittagstisch. *Mo u. Jan., Feb. geschl. | Süderhafen 15 | Tel. 04842/214 | www.engel-muehle.de | €€*

NORDSTRANDER TEESTUV

Teestube und Restaurant, aber auch gemütlicher Treffpunkt von Einheimischen und Touristen. *Mo u. Nov., 7. Jan.–Feb. geschl. | Süden 42 | Tel. 04842/82 18 | €–€€*

DER PHARISÄER-HOF ★

Schönstes Café der Insel mit Terrasse und Garten. In diesem Haus soll der Pharisäer aus der Taufe gehoben worden sein. *Mo u. Jan. geschl. | Eli-*

MARCO POLO HIGHLIGHTS

★ **Der Pharisäer-Hof**
Im schönsten Café ist der Pharisäer aus der Taufe gehoben worden
(Seite 69)

★ **Galerie „Lat di Tied"**
Schöne Bilder und Skulpturen zu erschwinglichen Preisen
(Seite 70)

*sabeth-Sophien-Koog 3 | Tel. 04842/
353 | www.pharisaerhof.de*

STRANDCAFÉ HALLIGBLICK ✳

Gemütliches Restaurantcafé mit guter Küche in einem der wenigen Reetdachhäuser auf Nordstrand mit Blick auf Nordstrandischmoor. *Mo u. 15. Jan.–Feb. geschl. | Norderhafen 20 | Tel. 04842/256 | €€*

ZUR NORDSEE ✳

Zum tollen Blick über die Deichkrone schmecken hier vor allem Fisch- und Lammgerichte. *Mi geschl. | Norderhafen 22 | Tel. 04842/86 07 | €€*

■ EINKAUFEN

BAUERNMARKT IM PHARISÄER-HOF

Hier finden Sie u. a. Blumen, Kunstgewerbe, Marmelade, Likör, Lammwurst, Ziegenkäse, Spiele und Kinderbücher. *Feb.–Dez. Di–So 14 bis 19 Uhr | Elisabeth-Sophien-Koog 3*

GALERIE „LAT DI TIED" ⭐

Bildet ein schnuckeliges Ensemble mit Töpferei und Teestuv, und es lohnt, sich hier Zeit zu lassen, um Bilder, Skulpturen und Schmuck zu betrachten und vielleicht zu erstehen, denn es gibt ungewöhnlich geschmackvolle Stücke. *Süden 46*

>LOW BUDGET

> Günstig wohnen und auch speisen kann man im alten Landgasthof *Süden 7 (6 Zi. | Tel. 04842/80 13).*

> Die 120 Plätze des Campingplatzes Elisabeth-Sophien-Koog *(Elisabeth-Sophien-Koog 17 | Tel. 04842/ 85 34)* liegen direkt am Deich.

NORDSTRANDER TÖPFEREI

Schöne Keramik nach alter friesischer Art. Traditionelle und moderne Formen. *Süden 44*

SCHÄFEREI BAUMBACH

Salzwiesenlamm und im Herbst auch Galloway aus eigener Schlachtung, Lammwurst und -schinken, Schafskäse und -felle. Alles so verpackt, dass Sie es mit nach Hause nehmen können. *Pohnshalligkoogstr. 1 | Tel. 04842/495 | www.lammfleisch.de*

■ ÜBERNACHTEN

HOTEL ARCOBALENO ♫

Großzügige, sehr freundlich eingerichtete Zimmer, zum Teil mit Pantry ausgestattet. Zum Haus gehört ein Restaurant, das deutsche und italienische Gerichte bietet *(Dez.–Okt. | €€). 13 Zi. | Am Ehrenmal 10 | Tel. 04842/ 82 12 | Fax 13 49 | www.hotel-arco baleno.de | €–€€*

HOTEL-RESTAURANT ENGLAND

Großzügige Zimmer, teils mit Balkon oder Terrasse, in der Inselmitte. Restaurant gleich nebenan. *8 Zi. | England 46 | Tel. 04842/10 75 | Fax 13 44 | www.hotel-england.de | €*

LANDGASTHOF KELTING

Modernisierte Zimmer. Restaurant *(Mo. geschl.)* und Kegelbahn. *19 Zi. | Herrendeich 6–10 | Tel. 04842/335 u. 10 00 | Fax 83 55 | €*

■ FREIZEIT & SPORT

Rund um die Insel gibt es Badestellen am grasbewachsenen Deich. Beim Norderhafen, am Holmer Siel und bei Fuhlehörn kann man Strandkörbe mieten. Ein kleiner, bescheidener Sandstrand hat sich am neuen Beltringharder Deich [115 D5] gebildet, erreichbar vom Elisabeth-Sophien-Koog. Vorsicht: Der Ebbstrom kann hier so stark sein, dass er Sie in die offene See hinauszieht!

HALLENSCHWIMMBAD

Die häufig wechselnden Öffnungszeiten erfahren Sie im Schwimmbad

■ ZIEL IN DER UMGEBUNG ■

HALLIG SÜDFALL   [116 C6]

Die Wattwanderung (Gummistiefel empfehlenswert) zur 7 km entfernten Hallig Südfall dauert inkl. einer Stunde Aufenthalt ca. 5,5 Stunden. Da hier viele bedrohte Vogelarten brüten, darf die Hallig nur im Rahmen der vom Nationalpark Wattenmeer genehmigten Führungen betre-

Behaglich und mit schöner Aussicht sitzt man im Strandcafé Halligblick

(im Kurzentrum, Tel. 04842/466) oder bei der Kurverwaltung. *Eintritt ab 3 Euro*

■ AUSKUNFT ■

KURVERWALTUNG

Allgemeine Informationen, Veranstaltungskalender, Zimmernachweis. *Schulweg 4 | 25845 Nordstrand | Tel. 04842/194 33 u. 454 | Fax 90 09 90 | www.nordstrand.de*

ten werden. Wer keine Lust oder Puste für die Strecke hat, kann sich mit Pferd und Wagen nach Südfall kutschieren lassen. Termine *(Mai bis Okt.)* im Veranstaltungskalender, Start ist in Fuhlehörn. *Wanderungen: Anmeldung Tel. 04842/90 30 93 (Fam. Kluge) | Preis: 4,50 Euro | Kutschfahrten: Anmeldung Tel. 04842/300 (tgl. 8–12 Uhr, Werner Andresen) | Preis: 12 Euro*

Insider Tipp

> SCHAFE, DEICHE UND KÖGE

Auf Pellworm können Sie die Ursprünglichkeit nordfriesischen Inselalltags erleben

> **Wie ein tiefer Teller liegt Pellworm [116 A–C4–6] mitten im Wattenmeer. Der lebenswichtige, 25 km lange und 8 m hohe Deich bildet den Tellerrand, über den man nur von wenigen erhöhten Punkten der Insel aus hinweggucken kann.**

Manchen Besuchern kommt der mit Gras bewachsene Deich wie eine grüne Mauer vor, an die man immer wieder gerät und die den Blick ins Weite verstellt. Man erkennt, dass auch Pellworm ohne den schützen-

den Deich eine Hallig wäre. Die alten Häuser sind auf Warften erbaut oder stehen auf Sommerdeichen. Deshalb hat Pellworm auch keine Dörfer. Allerdings stehen an einigen Stellen, wie beispielsweise am Hafen, so viele Häuser zusammen, dass sie wie ein kleines Straßendorf wirken. Durch die Köge – zum Teil unter dem Meeresspiegel liegende Marschen – fließen Entwässerungsgräben, da das Regenwasser aufgrund

Bild: Alter Hafen

PELLWORM

der kompletten Eindeichung nicht von selbst abfließen kann.

Der Deich sichert das Leben auf der Insel, und seine Erhaltung sichert wiederum die knappen Arbeitsplätze. Die Schafe, die das Bild Pellworms bestimmen, sind wichtiger, dekorativer und nahrhafter Bestandteil der Deichsicherung. Sie trampeln mit ihren Hufen die Deichkrone fest und verschließen so auch die von Wühlmäusen verursachten Löcher.

Eine Besonderheit Pellworms ist die geschlossene Püttenlandschaft im Südwesten der Insel. *Pütten* sind kleine Seen, die entstanden, als man an diesen Stellen Erde für den Deichbau entnahm. Das Terrain wurde dadurch unbrauchbar für die Landwirtschaft, und man überließ es sich selbst. Heute stehen die schilf- und riedumgürteten Pütten als Brut- und Rastgebiet vieler Vögel unter Naturschutz.

Auf den fruchtbaren Böden werden vor allem Getreide und Raps angebaut. Es ist herrlich, an den im Mai blühenden Raps- und den im Sommer wogenden Kornfeldern vorbeizuradeln. Große alte Bauernhöfe thronen auf ihren Warften, denn hier hat der Fremdenverkehr bisher weniger Anreize geboten umzusatteln als

auf Pellworm vor allem Ruhe. Und die Preise für Unterkunft und Restaurantbesuch sind meist niedriger als auf Amrum und Föhr, der Standard allerdings vielerorts auch. Zwei Supermärkte und einige Läden versorgen die Bewohner mit dem Nötigen.

Heute hat Pellworm 1250 Ew. und ist seit 1997 anerkanntes Nord-

Werden die Felder bestellt, folgen Futter suchende Möwen dem Trecker

auf anderen Inseln. Allerdings bieten einige Landwirte Ferien auf ihrem Bauernhof an.

Pellworm ist die ursprünglichste der Nordfriesischen Inseln. Weil es keinen Sandstrand gibt, hat der Tourismus erst spät (die ersten Feriengäste kamen um 1900) und nur in bescheidenem Umfang Einzug gehalten. Die Vorteile spürt man sofort. Selbst in der Hochsaison findet man

seeheilbad mit derzeit 2500 Gästebetten. Durch einen tideunabhängigen Fähranleger kann im Sommer etwa alle zwei Stunden ein Fährschiff von Strucklahnungshörn auf Nordstrand nach Pellworm starten. Die Überfahrt dauert eine gute halbe Stunde. Vom Fähranleger gibt es einen kostenlosen Bustransfer zum alten Hafen und zur Kurverwaltung. Dort startet der Bus dann auch in umgekehrter Richtung eine halbe bis eine Viertelstunde vor Abfahrt der Fähre. Sonst gibt es keine Buslinie mit regelmäßig fahrenden Bussen, dafür aber den *Inselfahrdienst (Tel. 04844/15 15),* eine Art Taxiunternehmen. Außerdem gibt es etliche Fahrradverleiher. Der Autoverkehr ist gering und die Insel mit 37 km^2 so klein, dass ein Fahrrad das ideale Verkehrsmittel ist.

Im vorletzten Jahrhundert hatte Pellworm kurze Zeit einen berühmten Hardesvogt, den Dichter Detlev von Liliencron. Der Lebemann Liliencron wurde von den Pellwormern Tanzbaron genannt, weil er das Tanzen in den Gastwirtschaften erlaubte. Nur eineinhalb Jahre, von März 1882 bis Oktober 1883, war Liliencron höchste Amtsperson auf Pellworm. In seinen Gedichten aus dieser Zeit spiegeln sich Begeisterung und Ablehnung der rauen Nordseewelt gleichermaßen. Vermutlich war er im Sommer entzückt und im Winter von Heimweh geplagt.

■ SEHENSWERTES ■

HAFEN

Seit 1992 hat Pellworm einen tideunabhängigen Fähranleger. 1,5 km führt die Straße hinaus zur Anlegestelle im Tiefwasser. Der alte Hafen ist seither Fisch- und Krabbenkuttern, Lastschiffen und Ausflugsdampfern vorbehalten. Wer dort entlangschlendert, kann die Fischer dabei beobachten, wie sie ihre Netze präparieren, Seesterne, Muscheln und kleine Fische aus den Maschen klauben und ins Hafenbecken werfen. Am Ende der Mole schließt sich eine kleine Marina an.

Westlich des Hafens ist zu sehen, wohin die vielen Entwässerungsgräben führen, die Pellworm durchziehen. Die Gräben werden leer gepumpt, und bei Ebbe kann die Schleuse geöffnet werden, sodass das Wasser ins Meer fließt.

INSELMUSEUM ⭐

In dem auf kleinem Raum im Haus der Touristinformation vorbildlich eingerichteten Museum zeigen Fotos, Schautafeln und Modelle die geologische Entwicklung der Region. Exponate erhellen Leben und Arbeit auf Pellworm früher. *Juni bis Sept. Mo–Fr 8–18, Sa 16–18 Uhr (Juli/Aug. zusätzl. So 10–12 Uhr), Okt.–Mai Mo–Fr 8–16 Uhr | Uthlandestr. 2 | Eintritt frei*

LEUCHTTURM

Der 1907 erbaute rote Turm mit weißem Streifen misst 37 m. Er kann in

MARCO POLO HIGHLIGHTS

⭐ **St. Salvator/Alte Kirche**
Imposante Turmruine und wohltönende Arp-Schnitger-Orgel (Seite 76)

⭐ **Nordermühle**
Im Mehlsaal Kaffee trinken mit Blick über den Deich (Seite 77)

⭐ **Inselmuseum**
Auf kleinem Raum gibt's viel zu sehen (Seite 75)

⭐ **Pellwormer Buffet**
Saure Rolle und Futjes – wöchentlich bei „Unter den Linden" (Seite 77)

geführten Gruppen (Kinder (können erst ab 8 Jahren mit) besichtigt werden. *Termine nach Absprache | Informationen u. Anmeldung in der Touristinformation | Eintritt 3,60 Euro*

NEUE KIRCHE

Malerisch zwischen alten Bäumen und Häusern liegt die 1622 erbaute und 1867 umgestaltete Kirche fast in der Mitte der Insel. Sehenswert ist neben dem wertvollen Altaraufsatz (ca. 1520) aus der 1634 untergangenen Kirche von Ilgroff auch die Kanzel von 1638. *Erntedankfest bis Ostern tgl. 10–16 Uhr, Ostern bis Erntedankfest tgl. 10–18 Uhr außer während der Gottesdienste*

RUNGHOLT-MUSEUM BAHNSEN

Wattführer Hellmut Bahnsen sammelt seit über 20 Jahren Überreste versunkener Siedlungen wie Rungholt im Watt. Durch seine beträchtliche Sammlung führt er nach telefoni-

scher Absprache selbst. Auch höchst unterhaltsame Wattführungen bieten er und seine Frau Rita an. *Westerschütting 2 | Tel. 04844/99 09 06 | Eintritt 2–3 Euro*

SEEFAHRT TUT NOT

Sehenswerte Ausstellung im alten Dampferschuppen am Hafen zur Geschichte der Pellwormer Küstenschifffahrt und -fischerei, aber auch interessante Exponate zur Seefahrt allgemein und zum Schiffbau. *April bis Nov. tgl. 10–17 Uhr | Eintritt frei*

ST. SALVATOR/ALTE KIRCHE

Die Geschichte der Alten Kirche beginnt im 11. Jh. Die romanischen Ursprünge des Baus sind noch in Chorraum und Apsis und am Portal zu erkennen. Der spätgotische Altar entstand um 1460. Der Altaraufsatz zeigt sieben aus Eichenholz geschnitzte Szenen der Leidensgeschichte Jesu. Die Bronzetaufe wurde 1475 von Hinrich Klinghe gegossen und stammt aus dem 1634 untergangenen Buphever. Eine besondere Attraktion ist die einzige in Schleswig-Holstein noch erhaltene Arp-Schnitger-Orgel. Bei einem der Orgelkonzerte können Sie hören, wie hervorragend das Instrument von 1711 vor einigen Jahren restauriert worden ist.

Die Turmruine aus dem 13./14. Jh. ist das Wahrzeichen Pellworms und bei guter Sicht von Föhr und Amrum aus zu erkennen. Als Seezeichen, Glockenturm und Zufluchtsort wurde der Turm berühmt. Im 15. Jh. hauste der Seeräuber Cort Wiederich hier. 1611 stürzte der Turm ein. Der imposante Rest misst immerhin 26 m und

bietet Turmfalken ein ideales Refugium.

Unter der Westseite liegen 40 unbekannte, am Strand gefundene Tote begraben. Auf diesem Friedhof für Heimatlose erinnert eine Gedenktafel zudem an 15 Schweden, die 1950 mit einem nachgebauten Wikingerschiff vor Helgoland untergingen. *Erntedankfest–Ostern tgl. 10–16 Uhr, Ostern–Erntedankfest tgl. 10–18 Uhr außer während der Gottesdienste. Konzerte in- und ausländischer Organisten Juli u. Aug. Mi 20.30 Uhr. Kirchenführungen nach Absprache*

Klingendes Kleinod: die Arp-Schnitger-Orgel in der Alten Kirche

■ ESSEN & TRINKEN ■

FISCHGASTSTÄTTE
Traditionelle norddeutsche Fischgerichte in Bistro-Ambiente. Das Lokal – ungewöhnlich angesiedelt in einem kleinen Mietshaus – bietet aber auch ein paar Gerichte für Fischverächter. *Mo geschl. | Tammwarft 2 | Tel. 04844/99 04 33 | €*

GASTHAUS HOOGER FÄHRE
Die Porrenpann (Krabben in Kräutersahnesoße mit einem Schuss Köm) schmeckt bei gutem Wetter auch auf der Terrasse. Auch 2 Zi., 1 Apt. (€). *Mo u. Nov.–März geschl. | Hooger Fähre 5 | Tel. 04844/99 23 23 | www.gasthaus-pellworm.de | €€*

NORDERMÜHLE ★ ☙
In der einzigen vollständig erhaltenen Mühle Pellworms kann man abends speisen und in der Hauptsaison nachmittags im ehemaligen Mehlsaal mit herrlichem Blick über den Deich Kaffee trinken. *Do u. Nov. bis Mitte März geschl. | Nordermitteldeich | Tel. 04844/656 u. 554 | €€*

SPIESKOMMER

Insider Tipp

Vom Holsteiner Rübenmus bis zum Pannfisch – nordfriesische Küche, echt, gut, reichlich. *Mi geschl. | Tammensiel 31 | Tel. 04844/12 11 | €–€€*

UNTER DEN LINDEN
Spezialität des alten Gasthofs ist das ★ *Pellwormer Buffet* (in der Hochsaison donnerstags, sonst unregelmäßig, meist samstags) mit Hausmannskost – darunter Raritäten wie Krabbenfrikadellen, Lammeintopf, Futjes (Fettgebackenes) und saure Rolle (friesische Variante des Saumagens). Rechtzeitige Voranmeldung unbedingt erforderlich! *Mi geschl. | Westertilli 23 | Tel. 04844/399 | www.unterdenlindenpellworm.de | €€*

ZUR ALTEN KIRCHE
Vorzügliche regionale Küche mit Fisch- und Lammspezialitäten (z. B. köstlicher Lammleber). Auch vegetarische Gerichte. *Di geschl. | Alte Kirche 1 | Tel. 04844/275 | €€*

EINKAUFEN

ATELIER POSEIDON

Die handgesponnene Schafwolle von Inge Petersen begeistert sogar des Strickens Unkundige. Ihr Ehemann Martin verkauft seine Aquarelle und Ölbilder und gibt Malunterricht. *Tgl. 10–13 u. 15–17 Uhr | Nordermitteldeich 49 | Tel. 04844/381*

 Insider Tipp

INSELATELIER EMMY JENSEN

Die Aquarelle von Emmy Jensen zeigen das Wattenmeer, und wenn sie erzählt, werden die Bilder lebendig. *Keine festen Öffnungszeiten: „Rinkieken kost nix!" | Junkersmitteldeich 3 | Tel. 04844/220*

PELLWORMER KUNSTGEWERBE

Der Edelsteinkundler und Kunsthandwerker Heinrich Jordt veredelt und verarbeitet Bernstein und bietet in seinem skurrilen Laden auch selbst gefertigte Holzartikel an. *Mai bis Okt. | Tammensiel 36*

ÜTERMARKER BIOLAND-HOF

Im Hofladen gibt es Fleisch, Vollwertiges, Honig, Gemüse, Eier, Kosmetik *(auch 2 Zi., 3 Apt., €). Ütermarker Weg 11 | Tel. 04844/230 | www.bio-hof.de*

ÜBERNACHTEN

HOTEL FRIESENHAUS ♫

Ute Lycke und Grant Smith haben das reetgedeckte Haus, 200 m von Leuchtturm und Badestrand, individuell eingerichtet. Die gemütliche Weinstube und das sehr gute Restaurant *(Mo geschl., €€)* mit regionaler, international akzentuierter Küche stehen auch Nicht-Hotelgästen offen. *22 Zi., 2 Apt. | Kaydeich 17 | Tel. 04844/99 04 90 | Fax 990 49 41 | www.hotel-friesenhaus-pellworm.de | €–€€*

Insider Tipp

KIEK UT

Gleich hinterm Deich liegt das stilvolle Haus mit 21 komfortablen Zimmern (auch 4 Apt.), Badestrand und Blick auf die Hallig Hooge vor der Tür; drinnen auch die nette kleine Hotelbar *Likedeeler (ab 20.30 Uhr). Hooger Fähre 6 | Tel. 04844/90 90 | Fax 909 40 | www.nordsee-hotel-pellworm.de | €–€€*

RUNGHOLT
Erfolgreiche Spurensuche im Wattenmeer

Rungholt galt lange Zeit als Erfindung. Sagenhaft reich soll der Ort gewesen und zur Strafe für Prasserei und Gotteslästerungen seiner Bewohner von den Fluten der Nordsee verschlungen worden sein. Der Nordstrander Landwirt Andreas Busch ging die Sache akribisch an: Im Wattenmeer bei Südfall waren Kulturspuren zum Vorschein gekommen, die er ab 1921 in jahrzehntelanger Arbeit dokumentierte. Er konnte beweisen, dass Rungholt tatsächlich existiert hat, zwar nicht als unerhört reiche Stadt, aber als vermutlich wohlhabender Hafenort. Reste von Deichen, Gebäuden und Werkzeugen ließen allerdings nur eine teilweise Rekonstruktion des 1362 untergegangenen Rungholt zu. Ein Großteil des Orts liegt vermutlich unter der Hallig Südfall.

PELLWORM

LEUCHTFEUER 🔊

Familiär und sehr freundlich geführte Pension neben dem Leuchtturm. Das Halbrund des zugehörigen friesisch-blauen Cafés *(tgl. 12–18 Uhr)* ist Anziehungspunkt für Insulaner und Touristen. Im Sommer **Tische im schönen Garten.** *10 Zi.* | *Süderkoog-weg 10* | *Tel./Fax 04844/472* | *www.leuchtfeuer-pellworm.de* | €

■ FREIZEIT & SPORT

Sandstrände gibt es auf Pellworm nicht, aber zehn Badestellen auf den grasbewachsenen Wasserseiten der Deiche mit Badetreppen und Duschen. Das Wasser ist relativ flach und hat keine gefährlichen Strömungen. An etlichen Badestellen können Sie Strandkörbe mieten. FKK-Badestelle an der Nordermühle. Die Badestelle Leuchtturm ist bewacht.

Zur Freizeitanlage Kaydeich gehört ein schöner *Minigolfplatz* mit freundlicher Bewirtung *(Nis Puk* | €).

PELLE WELLE

Das Schwimmbad im Kurzentrum lockt u. a. mit einer Badelandschaft für Kleinkinder, einer 62-m-Rutsche, Nichtschwimmerbecken, Saunalandschaft und Bistro. Die Öffnungszeiten sind unterschiedlich, zu erfahren im Bad *(Tel. 04844/99 04 49)* oder bei der Touristinfo. *Uthlandstr. 6* | *www.pelle-welle-freizeitbad.de* | *Eintritt ab 4 Euro*

■ AM ABEND

In der Hauptsaison finden Diskoabende, Kinofilmvorführungen, Vorträge, Theateraufführungen und Konzerte in der Freizeithalle am Kaydeich statt.

37 m hoch ist der Leuchtturm, auf dem man auch heiraten kann

DE BEER-KROG IM PONYHOF ▶▶

Gemütliche Kneipe. Fassbier, warme Speisen. *Ab 18 Uhr; Mo geschl.* | *Osterschütting 11* | *Tel. 04844/414*

■ AUSKUNFT

TOURISTINFORMATION

Zimmervermittlung, Strandkorbvermietung, Infos zu Wattwanderungen. *Uthlandstr. 2* | *25849 Pellworm* | *Tel. 04844/189 40* | *Fax 189 44* | *www.pellworm.de*

> BOLLWERKE GEGEN DEN BLANKEN HANS

Die Warften sind im Sommer blühende Oasen und bei „Land unter" Inseln der Sicherheit

> Die Halligen sind bis auf Nordstrandischmoor und die Hamburger Hallig kein Land, das die großen Sturmfluten übrig ließen, so wie Nordstrand und Pellworm. Sie sind vor 800 bis 400 Jahren durch Schlickablagerungen entstanden und haben bis zum Beginn eines wirksamen Küstenschutzes erhebliche Teile eingebüßt.

Das Charakteristische der Halligen ist, dass sie bei erhöhtem Hochwasser regelmäßig überflutet werden. Wer so ein „Land unter" miterlebt

hat, versteht, warum die Nordsee „Blanker Hans" genannt wird, denn dann sind die Halligen blank: Bis auf die Warften, die künstlich aufgeworfenen Hügel, auf denen die Hallighäuser stehen, steht alles unter Wasser. Im Sommer werden die Halligen nur selten überflutet, aber das Seegras in den Weidezäunen erinnert an die letzten „Land unter".

An das öffentliche Strom- und Wassernetz wurden sie in den

Bild: Warft auf Nordstrandischmoor

HALLIGEN

1950er- bis 1970er-Jahren ange-schlossen. Früher hatten die Bewohner ausgeklügelte Methoden, um mit ihren kargen Salzwiesen und ohne Süßwasserbrunnen zu überleben. Auf vielen Warften sind noch heute die *Fethinge* zu sehen, Teiche, in denen das Regenwasser für die Viehtränke gesammelt wurde. Daneben wurde ein *Sood* angelegt, ein Brunnen, der ebenfalls mit Regenwasser gespeist wurde, das den Menschen als Trink-wasser diente. Wenn bei schweren Sturmfluten die Warften überspült wurden, waren auch die Wasserreser-voirs verdorben. Geheizt wurde mit *Ditten,* mit Briketts aus getrocknetem und gestampften Kuhmist.

In den 1950er-Jahren baute man auf den großen Halligen Straßen: einspurige Plattenwege mit Aus-weichstellen, die inzwischen asphal-tiert wurden. Die kleinen Halligen sind autofrei.

Schwere Sturmfluten stellten die Existenz der Halligen immer wieder infrage. Und hätte man nicht ihren Wert als Wellenbrecher und Sturmflutsicherung für die ganze Küste erkannt und ihren Erhalt mit großen hilfe von Dorferneuerungsprogrammen schöner werden.

Einige kleine Halligen sind seit Jahren unbewohnt. Auf der kleinsten, *Habel,* steht nur ein Gebäude, das im Sommer von einem Vogelwart ge-

Summen subventioniert, wären sie wohl längst unbewohnt. Ende der 1950er-Jahre beschloss man ein Halligsanierungsprogramm, dessen Notwendigkeit die Sturmflut von 1962 auf schreckliche Weise bewies. Viele Häuser wurden unbewohnbar und mussten abgerissen werden. Großzügige Zuschüsse sorgten für zahlreiche Neubauten, bei denen allerdings ausschließlich Sicherheit und Wirtschaftlichkeit im Vordergrund standen. Deshalb gibt es nur noch wenige schöne alte und viele ziemlich hässliche Gebäude mit Eternitdächern. Allerdings sollen die Hallighäuser mit-

nutzt wird. Auch *Südfall* und *Norderoog* werden nur im Sommer von Vogelwarten bewohnt. Die nur gut 100 ha große *Hamburger Hallig* ist Natur- und Vogelschutzgebiet und nur im Sommer über einen Damm (Mautgebühr) zu erreichen. Im *Hallig-Krog* gibt es kleine Gerichte und Kuchen *(April–Okt. tgl., außerhalb der Saison anfragen | Tel. 04671/94 27 88 | www.hallig-krog.de | €).* Von Nordstrand aus starten Ausflugsdampfer und Wattwanderungen nach *Nordstrandischmoor* mit seinen vier Warften und 20 Ew. Nach *Süderoog,* das von Familie Matthiesen bewohnt wird, werden von Pellworm aus Wattwanderungen organisiert.

Der karge, oft von Salzwasser überspülte Boden eignet sich nur als Weideland oder für eine bescheidene Heuernte.

In den letzten 35 Jahren hat auch auf den Halligen der Tourismus Einzug gehalten. Aber wer auf einer Hallig Urlaub macht, begibt sich in eine in mancher Hinsicht karge Umgebung. Wenn Sie sich jedoch faszinieren lassen können von der Unmittelbarkeit der Natur, von Ebbe und Flut, von Wolkengemälden und Nächten ohne Straßenbeleuchtung, werden Sie sich keine Minute langweilen.

Die Halligbewohner sind besonders gastfreundlich. Viele nehmen sich gern Zeit für ein Schwätzchen mit ihren Gästen. Weniger gern hat man Ausflügler, die eine Hallig als Freilichtmuseum ansehen, über Weiden stapfen, Türen öffnen und unverhofft in Wohn- oder gar Schlafzimmer treten auf der Suche nach den in jedem Haus vermuteten Alkoven.

Wer im Herbst, Winter oder Frühjahr auf die Halligen fährt, muss damit rechnen, dass „Land unter" die Rückreise zum geplanten Termin unmöglich macht, denn die W.D.R. kann natürlich nicht an einer Warft anlegen. Die Halligleute versorgen sich im Herbst so gut mit Vorräten, dass sie notfalls auch viele Wochen ohne Nachschub auskommen können. *www.halligen.de*

GRÖDE

[116 C3] Seit rund 100 Jahren sind Gröde und Appelland mit 277 ha zur drittgrößten Hallig verbunden. Auf den beiden dicht beieinander stehenden Warften leben 17 Menschen.

Auf den jährlich etwa vierzig- bis fünfzigmal überfluteten Weiden grasen Schafe; im Sommer kommt Pensionsvieh dazu. Auf Gröde wird noch Allmendewirtschaft betrieben, ein Teil des Landes wird also gemeinschaftlich bewirtschaftet. Entlang des knapp 1 km langen Weges vom Anleger zu den Häusern kann man die typische Halligvegetation bewundern, besonders im Juli und August, wenn der Strandflieder die Salzwiesen lila färbt. Auch auf Gröde brüten viele Vogelarten direkt auf dem Boden. Deshalb sollte man unbedingt auf den Wegen bleiben. Im Frühjahr rasten hier über 10 000 Ringelgänse.

Die beachtenswerte kleine Kirche *St. Margarethen* mit dem Reetdach wurde 1779 erbaut; ihr Renaissance-Altar von 1592 zeigt die Lebensgeschichte Jesu *(stets geöffnet)*.

MARCO POLO HIGHLIGHTS

⭐ **Oland**
Eine Warft wie ein Dorf (Seite 87)

⭐ **Johanniskirche**
Der Boden der Hooger Halligkirche ist mit Sand und Muscheln bedeckt (Seite 84)

⭐ **Kapitän-Tadsen-Museum**
Bilegger, Döns, Grasterloch? Das Museum auf Langeneß macht Sie schlau (Seite 86)

⭐ **Königspesel**
Königlicher Alkoven auf Hooge (Seite 84)

HOOGE

In der Sommerzeit kommen Ausflugsboote von Schlüttsiel, Sylt und den anderen Inseln. An *Monikas Kiosk (Öffnungszeiten tideabhängig)* kann man sich mit Erfrischungen versorgen. Und für Urlauber gibt es fünf Ferienwohnungen *(Auskunft: Claudia Mommsen | Knudswarft | 25869 Hallig Gröde |Tel./Fax 04674/302 | www.groede.de).*

HOOGE

[116 A4] **Hooge ist die zweitgrößte und am dichtesten besiedelte Hallig. Von auffallend breiten Prielen durchzogen, hat es Hooge in den letzten Jahrzehnten im Kampf gegen die Nordsee etwas leichter gehabt als die anderen Halligen, denn seit 1914 wird es von einem Sommerdeich geschützt.** Mit „Land unter" müssen die Hooger nur fünf- bis zehnmal jährlich rechnen. Auf 560 ha und zehn Warften leben rund 110 Menschen.

Im Sommer allerdings wohnen hier auch bis zu 400 Urlauber. Und Tag für Tag bringen Ausflugsboote so viele Tagesgäste, dass von der Ruhe und Beschaulichkeit des Halliglebens in der Nähe des Fähranlegers nichts mehr zu spüren ist. Wie in

>LOW BUDGET

> Günstiger, erholsamer und naturnäher kann man kaum Urlaub machen als im Winter auf einer Hallig. Zwar stehen nicht alle Zimmer zur Verfügung, und der Fährverkehr ist stark eingeschränkt, aber dafür hat man die Hallig und die herzliche Gastfreundschaft fast für sich allein. *Infos bei den jew. Tourismusbüros*

einer riesigen Prozession bewegen sich rund 1000 Tagestouristen zu Fuß, per Fahrrad oder Pferdekutsche vom Anleger zur Hanswarft, die Restaurants, Cafés, Läden und die *Hallig-Galerie* in einem ca. 300 Jahre alten schönen Friesenhaus beherbergt. Ausflugsboote kommen von Schlüttsiel und allen Nordfriesischen Inseln.

■ SEHENSWERTES

JOHANNISKIRCHE ★

1637 wurde die Hooger Kirche mit Material der 1634 zerstörten Kirchen von Alt-Nordstrand erbaut und auch mit Gegenständen aus den untergegangenen Kirchen ausgestattet. Sehenswert sind das aus Holz geschnitzte Taufbecken von 1624 und die Kanzel mit der 1743 geschnitzten Tür, die die Bedeutung des Walfangs dokumentiert, außerdem die Taufschale. Zwischen dem schönen Gestühl von 1624 ist die Erde mit Sand und Muscheln bedeckt, durch die das Wasser nach einer Überflutung versickern kann. *Di–So 9 Uhr bis zur Dunkelheit | Kirchwarft*

KÖNIGSPESEL ★

Im Sommer nach der Sturmflut 1825 machte sich der dänische König Friedrich VI. auf, um sich ein Bild über die Schäden auf Inseln und Halligen zu machen. Weil ein Sturm aufzog, musste er auf Hooge übernachten. Der Pesel der Witwe Stienke Hansen wurde für eine Nacht sein Schlafgemach und ist seither eine Sehenswürdigkeit, allerdings nicht nur wegen des königlichen Alkovens. Auch das übrige Mobiliar und die besonders schönen Fliesen sind ein beeindruckendes Beispiel der Wohnkultur eines reichen Kapitäns im 18. Jh. *Führungen April–Okt. tgl. nach Ankunft der Schiffe, Nov.–März nur nach Anmeldung | Hanswarft | Tel. 04849/219 | Eintritt 2 Euro*

■ ÜBERNACHTEN

FRERK'S BUERNHUS

Hotelpension in ruhiger Lage abseits des Tagestourismus. Auch Halbpension, Sauna. *15 Zi.* | *März–Okt.* |

Friesenkacheln, Deckenmalerei, Schnitzwerk, Schmiedeeisen: der Königspesel

STURMFLUTKINO

Alle 20 Minuten tost eine Viertelstunde lang der Sturm, toben die Wogen, ist „Land unter". Beeindruckende Kurzfilme. *Hanswarft | Eintritt 2 Euro | www.sturmflutkino.de*

■ ESSEN & TRINKEN

ZUM SEEHUND

Friesische Speisen (auch vegetarische) und friesische Getränke in schöner friesischer Gaststube; große Terrasse. Auch 2 Zimmer. *Ganzjährig | Hanswarft | Tel. 04849/226 | www.zumseehund.de | €*

Lorenzwarft | Tel. 04849/254 | Fax 275 | www.hallighotel.de | €–€€

HUS HALLIGBLICK

Pension im Bauernhof mit 7 Zimmern, Sauna und Bar. *März–6. Jan. | Backenswarft | Tel. 04849/222 u. 268 | Fax 328 | €*

■ AUSKUNFT

TOURISTIKBÜRO

Informationen und Zimmervermittlung. *Hanswarft 1 | 25859 Hooge | Tel. 04849/91 00 | Fax 201 | www.hooge.de*

LANGENESS

[116 A–B3] **Die Entfernung zwischen der ersten und der letzten Warft entspricht fast der Länge der größten Hallig: ungefähr 9 km.** Langeneß ist nur 1–2 km breit und hat eine Fläche von 956 ha. Zu Fuß läuft man lange auf der langen Hallig. Eine gute Alternative sind Leihfahrräder (Achtung: Auf Langeneß hat der Wind freie Bahn. Wer mit Rückenwind vom Anleger an der Rixwarf ostwärts radelt, kann auf dem Rückweg Mühe haben, pünktlich zur Abfahrtszeit anzukommen) oder die angebotenen Touren zu den Sehenswürdigkeiten mit dem „Hallig-Express".

Auf den 18 Warften leben gut 100 Menschen; rund 270 Urlauber können Unterkunft finden, vor allem in kleinen Ferienwohnungen. Von den mit Duschen ausgestatteten Badestellen führen Stufen ins Wasser.

Langeneß wird von der W.D.R auf der Route Schlüttsiel–Amrum angesteuert, außerdem von Ausflugsbooten von Schlüttsiel und den Inseln.

■ SEHENSWERTES

FRIESENSTUBE

Möbel und Hausrat der Familie Johannsen aus mehreren Jahrhunderten werden in der Stube des Hauses aus dem Jahr 1875 präsentiert – ein hervorragender Einblick in die Kulturgeschichte der Halligen. *Führungen Di., Do 10.30 Uhr | Honkenswarf | Tel. 04684/235 | Eintritt 1,50 Euro*

KAPITÄN-TADSEN-MUSEUM ★

Nach der Sturmflut 1825 wurde das Haus von 1741 auf der schönsten Warft neu erbaut. Das komplett als Museum restaurierte und mit Gegenständen aus dem 18. Jh. ausgestattete Haus zeigt, wie auf den Halligen jahrhundertelang gelebt wurde. Der typische *Bilegger,* der Beilegerofen, wurde von der Küche aus befeuert, um die *Döns,* die Wohnstube, frei von Ruß und Asche zu halten. Beim Backen saß die Bäuerin im *Grasterloch,* damit sie es bequemer hatte. *Führungen Osterferien–Okt. Mo–Sa 13.30 u. 15.30 Uhr | Ketelswarf | Eintritt 2 Euro*

KIRCHE

Erst 1725 bekamen die Halligbewohner eine eigene Kirche. 1894 wurde auf den alten Grundmauern neu gebaut und erweitert. Der Vorbau wurde von der Sturmflut 1962 zerstört und musste erneuert werden. Auch hier ist das Inventar größtenteils älter als die Kirche selbst. Sehenswert sind die bunten Deckenmalereien aus dem 18. Jh., der Flügelaltar von 1670, die Kanzel von 1696 und die beiden Taufen aus Muschelkalk (13. Jh.) und Rotsandstein (16. Jh.). *Tgl. 8–18 Uhr | Kirchwarf*

■ ESSEN & TRINKEN/ ÜBERNACHTEN

GASTHAUS HILLIGENLEY

Im einzigen Gasthaus können Sie essen und übernachten. *7 Zi. | Hilligenley | Tel. 04684/223 | Fax 95 20 30 | www.hilligenley.de | €*

■ AUSKUNFT

TOURISMUSBÜRO LANGENESS/OLAND

Information und Zimmervermittlung. *Ketelswarf | 25863 Langeneß | Tel. 04684/217 | Fax 289 | www.langeness.de*

Land unter auf Langeneß – dann ist jede Warft eine Insel für sich

OLAND

[116 B–C2] ⭐ **Die einzige Warft auf Oland wirkt wie ein kleines Dorf. In 17 größtenteils reetgedeckten Wohnhäusern leben ca. 30 Menschen.** Und auch etwa 50 Urlauber finden Quartier, überwiegend in Ferienwohnungen. Oland ist die schönste Hallig. Um den Fething im Zentrum der Warft stehen die Häuser, Kirche, Schule, Gasthof und der nur 7,5 m hohe, reetgedeckte Leuchtturm dicht beieinander, lassen aber genug Platz für Bäume und üppig blühende Gärten. In einem ist noch ein alter Soodschwengel zu sehen, mit dem das Trinkwasser aus dem Sood geschöpft wurde. Festlandsnähe und Warfthöhe bieten so viel Schutz, dass Blumen, Büsche und Bäume hier besser gedeihen als auf anderen Halligen.

In der reetgedeckten kleinen *Kirche* von 1824 fällt die aus Eiche geschnitzte und bunt bemalte Kanzel von 1620 auf. Zwischen geistlichen Motiven sind Hermenpilaster zu finden, barbusige barocke Schönheiten,

die an Galionsfiguren erinnern. Sehenswert sind auch die romanische Taufe und das Kruzifix (beide um 1200), geschnitzte Apostelfiguren (15. Jh.), der Pastorenstuhl und drei Grabsteine aus dem 16. und 17. Jh. *(Ostern–Okt. tgl. 8–18 Uhr)*.

Im einzigen Restaurant *Kiek in* *(tgl. | Tel. 04667/390 | €)* sitzt man bei gutem Wetter draußen mit Blick auf den kleinen Bootshafen.

Die 96 ha große und autofreie Hallig hat ein kurioses und inoffizielles Verkehrsmittel: Im Südwesten ist Oland mit Langeneß (2,5 km) und im Norden mit dem Festland bei Dagebüll (gut 5 km) durch einen Schienendamm verbunden, auf dem kleine motorisierte Loren verkehren können. Das Landesamt für Küstenschutz duldet die privaten Transportwagen, mit denen die Vermieter auch ihre Gäste abholen. Ausflügler werden allerdings nicht mitgenommen. Sie können per Ausflugsschiff von Schlüttsiel oder den Inseln kommen oder zu Fuß über den Damm von Langeneß. Auskunft: *s. Langeneß*

> ## WEITER HIMMEL, WIESEN UND WATT

Zu Fuß, mit dem Rad und per Schiff durch die faszinierende Inselwelt

Die Touren sind auf dem hinteren Umschlag und im Reiseatlas grün markiert

1 WESTERLAND-FÖHR ENTDECKEN

Natur pur und die beiden schönsten Dörfer der Insel: Von Nieblum über Witsum, Utersum, Süderende, Oldsum und Borgsum zurück nach Nieblum sind es rund 20 km. Eine Strecke, für die Wanderer ohne Pausen 5 Stunden und Radfahrer etwa 2 Stunden rechnen sollten. Am besten nehmen Sie sich aber einen ganzen Tag Zeit.

Im schönsten Inseldorf, in Nieblum, geht's los in Richtung Witsum. Hinter Goting heißt die Strecke dank der tollen Ausblicke aufs Meer Traumstraße *(S. 52)*. Gut 1 km nach Goting folgen Sie der mit einem grünen Quadrat markierten Route seewärts, biegen dann gleich wieder rechts ab und ⚜ kommen so, geschützt zwischen Strand und Straße und durch wunderbare Ausblicke verwöhnt, ins kleine Hedehusum. Am Ortsrand weist

Bild: Bei Borgsum (Föhr)

AUSFLÜGE & TOUREN

eine fast lebensgroße blaue Kuh den Weg zur besuchenswerten ▶▶ *Galerie Hedehusum* (So geschl. | Poolstich 12 | Tel. 04683/96 22 78), in einem ☀ einzeln stehenden Reetdachhaus mitten in der Marsch mit tollem Blick nach Amrum. Unter dem Motto „Kunst am Meer" werden die verschiedensten Wechselausstellungen gezeigt, und Sie können Kunstdrucke und Postkarten erstehen. Von hier sind es, weiter auf der grün markierten Strecke, etwa 1,5 km bis nach **Utersum** *(S. 57)*.

Für eine erste Rast ist das ☀ **Haus des Gastes** *(tgl. | €)* direkt am Strand zu empfehlen. Das Interieur ist eher spartanisch, der Ausblick auf Strand und Meer dafür umso großartiger. Falls Ihnen nach einem Bad zumute ist: Der Strand an dieser Stelle ist gut. Trödelfreunde sollten es sich nicht nehmen lassen, den sympathisch-chaotischen **Kramladen** *(Lung*

Jaat 9) zu durchstöbern – vielleicht findet sich ja sogar ein (fast) echtes friesisches Souvenir.

Die nächste Etappe, 2 km lang, führt zur einsam gelegenen Kirche **St. Laurentii** *(S. 56)*. Im 1 km entfernten **Süderende** *(S. 56)* können sich

Insider Tipp

Hungrige im Garten des **Uun't Waanjhüs** *(Di–So 14–18 Uhr | Kirchweg 3 | Tel. 04683/10 79 | €€)* mit Kuchen oder Gerichten vom Salzwiesenlamm stärken. Allerdings sollten Sie ein bisschen Appetit behalten, denn in **Oldsum** *(S. 53)* mit seinem ursprünglich gebliebenen Kern warten in **Stellys Hüüs** *(S. 54)* die köstlichen (großen) Tortenstücke von Susanne Stelly oder im **Apfelgarten** *(S. 55)* knackige Salate und heiße Süppchen.

Wer sich jetzt gut gestärkt fühlt, kann einen etwa 6 km langen Abstecher zum Deich unternehmen: Fahren Sie nach Norden aus Oldsum heraus durch die Marsch, bis Sie unterhalb des Deiches zum Schöpfwerk Föhr-Mitte gelangen. Dort biegen Sie rechts ab und radeln am Deich entlang bis zum kleinen **Informationszentrum der Schutzstation Wattenmeer**. Auf Schautafeln werden die komplexen Zusammenhänge des Ökosystems Wattenmeer verständlich erklärt. Und da alle Theorie bekanntermaßen grau ist, können Sie auch gleich aus dem Sattel steigen und jenseits des grünen Deiches, auf den ein Weg hinaufführt, einen Blick aufs Meer werfen und aufs Vogelschutzgebiet des Toftumer Vorlandes, über das hinweg der Blick bis zur Sylter Südküste reicht. Nach diesem Stopp fahren Sie weiter ostwärts am Deich entlang bis zum nächsten Abzweig landeinwärts, der Sie durch die Oldsumer Ortsteile Toftum und Klintum wieder auf die grün markierte Route führt.

Wer auf den Blick übern Deich verzichtet hat, bewegt sich nun wieder südostwärts, immer der grünen Markierung folgend. Hinter Klintum führt die Route durchs unbebaute Westerland. Natur pur ist angesagt, rund 5 km, bis Sie kurz vor Borgsum in Richtung Westen zum ☀ **Ringwall**

Die Ruhe vor dem Sturm: Bald ist es voll am Norddorfer Strand

Lembecksburg *(S. 51)* kommen. Nachdem Sie den 10 m hohen Ringwall erklommen und sich der guten Aussicht erfreut haben, können Sie sich die erst 1991 erbaute Windmühle in Borgsum anschauen, aber nur von außen. Und falls Sie schon wieder durstig sind: Gleich gegenüber ist der kleine Garten der Gaststätte **Letj Lembeck's** *(Di geschl. | Malnstieg 5 | Tel. 04683/369 | €)*, die auch Kuchen und deftige Speisen anbietet. Von hier aus geht es durch Borgsum zurück nach Nieblum *(S. 48)*.

2 GROSSE AMRUM-TOUR

Wald, Kniepsand und Watten – erleben Sie Amrums Vielseitigkeit! Die Strecke von Wittdün über Westerheide nach Norddorf und am Wattenmeer über Nebel und Steenodde zurück nach Wittdün ist etwa 20 km lang und für Wanderer und Radfahrer geeignet. Per pedes brauchen Sie ohne Pausen 5 Stunden und per Rad etwa 2 Stunden.

Meiden Sie in jedem Fall die gefährliche Hauptstraße. In **Wittdün** *(S. 41)* führt der Fuß und Radweg in Richtung Ortsausgang über 2 km bis zum **Leuchtturm** *(S. 42)*. Hier teilen sich die Wege: Sie folgen links dem Waldweg, der für Fußgänger wie für Radfahrer gedacht ist – Rücksicht ist angesagt. Die Strecke führt durch den lang gestreckten Kiefernwald in rund 7 km nach Norddorf. Nach etwa 2,5 km kreuzen Sie den Weg von Nebel zum Kniepsand. Wenn Sie ihm nach links folgen, erreichen Sie nach 800 m den Strand.

Kurz vor Norddorf lohnt die **Vogelkoje** *(S. 41)* einen Halt. Im modernen **Norddorf** *(S. 38)* ist ein Abstecher an den Badestrand möglich. Außerdem können Sie sich in einem der vielen Restaurants und Cafés stärken und einen kleinen Bummel durch den Fußgängern vorbehaltenen **Strunwai** mit seinen Geschäften machen.

Zurück geht's auf der Wattseite Amrums, auf einer asphaltierten, aber mäßig befahrenen Straße. Nach gut 4 km erreichen Sie den schönsten Ort der Insel, **Nebel** *(S. 34)*. Kleine Gärten vor den alten Friesenhäusern sorgen für Postkartenmotive. Und **St. Clemens** *(S. 36)* mit den berühmten Grabsteinen ist eine weitere Attraktion. Gemütliche Cafés und Restaurants verzögern die Weiterfahrt – dicht am Watt entlang, ins knapp 2 km entfernte **Steenodde**, wo man an der Landungsbrücke (ungepulte) Krabben kaufen kann, und zwar im *Steuerhaus No 1,* einer bunten Bude, die die Tierchen – superfrisch angelandet vom Kutter „Butjadingen" – feilbietet *(Di–Sa 10–12.30 Uhr bzw. „immer, wenn die rote Fahne weht")*.

Insider Tipp

Die letzte Etappe führt über 2 km am Deich entlang zurück nach Wittdün. Vielleicht haben Sie noch Lust, sich am **Seezeichen- und Yachthafen** *(S. 42)* oder in der Marina umzusehen und dort einen Imbiss im **Seefohrerhus** *(S. 42)* zu sich zu nehmen.

3 IN DER WELT DER HALLIGEN

Da man in der einmaligen Landschaft des Wattenmeers auf kundige Führung und natürlich auf Schiffe angewiesen ist, will man sie richtig kennenlernen, müssen Sie sich bei der Planung dieser Tour dem Schiffsfahrplan und den Gezeiten beugen. Der Ausflug erschließt Ihnen die Halligwelt und das Watt auf einzigartige Weise, er dauert etwa 9,5 Stunden und wird von Mai bis September vier- bis sechsmal pro Monat angeboten. Informationen und Anmeldung: Tel. 04681/31 29 und 01805/08 01 40 sowie bei den Föhrer Kurverwaltungen.

Los geht's eher deprimierend, nämlich mit der Fähre von Wyk (S. 58) zurück nach Dagebüll. Aber Sie treten natürlich nicht die Heimreise an, sondern es heißt: „Schuhe aus!", und Sie wandern – fachkundig geleitet von einem Wattführer – vom Fähranleger 3 bis zur Hallig Oland (S. 87). Der Meeresboden auf diesem Abschnitt besteht meist aus festem Sandwatt, zum Teil aus dem schlickigeren Mischwatt. Auf Oland haben Sie nach dem Säubern der Füße etwa 1 Stunde Zeit für einen Imbiss im Halliggasthof Kiek In (S. 87) oder zur Besichtigung der Halligkirche (S. 87).

Danach geht's weiter – 4 km auf festem Sandwatt zur Hallig Langeneß. Auch auf diesem Teilstück können Sie von Ihrem Wattführer all das erfahren, was Sie schon immer übers Watt und die Gezeiten wissen wollten. Auf Langeneß (S. 86) angekommen, entern Sie den „Hallig-Express" (zwei von einem Unimog gezogene, offene Hänger), mit dessen Hilfe Sie 2 Stunden lang die Hallig erkunden: Besuch des Kapitän-Tadsen Museums (S. 86) oder der Friesenstube (S. 86), Besichtigung der Halligkirche (S. 86) und zum guten Schluss Einkehr in den Gasthof Hilligenley (S. 86).

Zum Abschluss fahren Sie von der Rixwarf mit einem Ausflugsdampfer vorbei an der Südspitze Amrums in 1,5 Stunden wiede zurück nach Wyk.

Je nach Tide kann die Tour auch umgekehrt verlaufen, also Fahrt von Wyk nach Langeneß, dann Fußmarsch nach Oland und Dagebüll und von dort zurück nach Wyk – bei dieser Variante dauert der Ausflug nur 8 Stunden.

4 DURCH DEN BELTRING-HARDER KOOG

Neuland betrachten mit Süß- und Salzwasserbiotopen: Rundfahrt vom Holmer Siel durch den Beltringharder Koog, Brutgebiet für Wasser- und Watvögel, und die Hattstedtermarsch. Die Tour ist etwa 28 km lang. Ohne Pausen brauchen Sie ungefähr 3 Stunden. Wenn möglich, nehmen Sie ein Fernglas mit und außerhalb der Saison ein wenig Verpflegung.

Ausgangspunkt ist das Holmer Siel an der nördlichen Spitze Nordstrands, am Beginn des Naturschutzgebiets Beltringharder Koog. Sie starten am Deich, direkt am Sielgebäude. Auf der rechten Seite, dem Koog zugewandt, steht eine Steinskulptur von Ulrich Lindow aus Halebüll. Hier können Sie am besten den Damm zwischen Süß- und Salzwasserbiotop erkennen, der sich von den Sielmauern in den Koog hineinschlängelt.

Der Weg führt auf der Asphaltstraße entlang der Deichlinie. Im Westen sieht man – wenn's diesig ist nur als Silhouette – die Insel Pellworm und ganz nah die Hallig Nordstrandischmoor. Die Route verläuft parallel zum Deich bis Lüttmoor Siel. Dort finden Sie einen Kiosk mit Kaffeeausschank und Toiletten.

Sie folgen der kleinen Straße, die im rechten Winkel zum Deich zwischen Salzwassergebiet (rechts) und zweitem Süßwassergebiet (links) in Richtung Cecilienkoog führt. Mit einem Fernglas können Sie hier viele Vogelarten beobachten. Auf dem alten Außendeich angekommen, fahren Sie noch ein kleines Stück geradeaus bis zur Kreuzung und folgen dort dem Schild, das den Weg zur Arlau-

Dann geht's weiter auf der Straße am Deich entlang über die Arlau- und die Jelstromschleuse. Ungefähr 1 km vor dem Nordstrander Damm zweigt die Straße links in Richtung Wobbenbüll ab. Nach dem Ortsschild biegen Sie rechts auf den Feldweg mit zwei Fahrspuren ab, der direkt zum Fahrradweg entlang des Nordstrander

Einladend und gemütlich: Alkoven im Kapitän-Tadsen-Museum auf Langeneß

schleuse weist. Die kleine Straße führt wieder auf die Deichlinie zu. Nach kurzer Zeit kommen Sie dort direkt auf der Deichkrone an einer ✿ Aussichtsplattform vorbei. Von dort haben Sie einen guten Ausblick auf die Hattstedtermarsch und auf die Nordsee mit Nordstrand und den Halligen. Hungrig und durstig? Dann kehren Sie ein im **Hotel Arlauschleuse** (tgl. | Tel. 04846/10 93 | €€).

Damms führt. Rechts befindet sich das *Süßwasserbiotop Süd.*

Insider Tipp

Die letzte Etappe führt links, entlang der Hauptstraße, bis zum Süderquerweg, in den Sie rechts einbiegen und der in den Hüttenweg übergeht. Über die Deichkrone hinweg radeln Sie auf die kleine Weggabelung zu, dort links bis zur Kreuzung. Rechts in die Hauptstraße einbiegen und dieser bis zum Holmer Siel folgen.

EIN TAG AUF AMRUM UND FÖHR

Action pur und einmalige Erlebnisse.
Gehen Sie auf Tour mit unserem Szene-Scout

POWERSTART

9:00

Raus aus den Federn, rein in die Turnschuhe und ab in die Natur: Mit Nordic-Walkerin Gesa Henschen geht's durch Dünen, über den Strand und durchs Watt. Nachdem man das unbekannte Terrain entdeckt hat, serviert Gesa Henschen ein Tässchen Tee – mitten in den Dünen. **WO?** *Utersumer Strand, Föhr | Kontakt: Gesa Henschen | Tel. 04683/15 80*

11:00

PURE ENTSPANNUNG

Wellnessfans rufen nun einfach Andreas Tierling an und verabreden sich mit ihm am Strand. Der Masseur rückt dann mit mobiler Liege an und verwöhnt Körper und Geist mit seiner einzigartigen Bernsteinmassage. **WO?** *Utersumer Strand, Föhr | Voranmeldung unter Tel. 0170/776 56 97 | Kosten: 55 Euro/60 Min. | www.wohlfuehlen-auf-foehr.de*

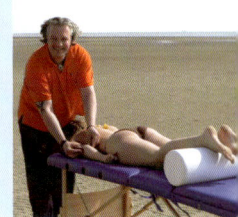

SNACK & CHILL

13:00

Lunchpause mit Ausblick: Im *Café Aquamarin* am Südstrand Beine und Seele baumeln lassen. Bei Drinks und saftigen Snacks tankt man frische Meeresluft und genießt die Aussicht aufs Wasser. **WO?** *Feldstr. 36, Wyk auf Föhr*

14:30

AB ÜBERS WASSER

Frisch gestärkt mit dem Boot von Wyk nach Wittdün auf Amrum! Der waschechte Insulaner Frank Lund weiß, wo es was zu sehen gibt. So steuert er u. a. Seehundbänke und das Wrack der Pallas an. Natürlich kann er auch eine Menge über die Insel, sein Boot und sich selbst erzählen. Witzig und spannend. **WO?** *Hafen, Wyk auf Föhr | Voranmeldung unter Tel. 0179/222 48 01 oder frank.lund@t-online.de | Kosten: ab 25 Euro*

24 h

SURFEN IN DER BRANDUNG

15:30

Das Surfbrett wartet. In der Brandung an Norddorfs Kniepsand eignen sich die Wellen super für einen Schnupperkurs. Einfach bei der Surf- und Segelschule Norddorf vorbeischauen und die ersten Schritte auf dem Wasser wagen. Könner üben weiter draußen ihre Turns. **WO?** *K. J. Clement Wai 9, Norddorf, Amrum* | Tel. 04682/14 54 | Kosten: 60 Euro/3 Stunden | www.surfschule-amrum.de

RITT IN DEN ABEND

19:00

Jetzt wird's romantisch! Das gesattelte Islandpferd steht schon bereit. Aufsitzen, durchatmen und der untergehenden Sonne entgegengaloppieren. Der Wind im Gesicht und der Blick aufs freie Land sind einfach einzigartig! **WO?** *Islandpferdehof Amrum, Stianoodswai 25f, Steenodde, Amrum* | Anmeldung erforderlich unter Tel. 0177/481 18 07 | Kosten: ca. 20 Euro/Std | www.islandpferdehof-amrum.de

FRISCH AUS DEM MEER

20:30

So frisch gibt's den Fisch sonst nicht. Im *Restaurant Deichgraf* kommt er praktisch vom Netz direkt in die Küche. Tipp für Feinschmecker: der Deichgraf-Fischteller mit einer Auswahl der köstlichsten Fischspezialitäten. **WO?** *Fisch-Restaurant Deichgraf, Lunstruat 9, Norddorf, Amrum* | Tel. 04682/14 44

COOLE DRINKS

22:00

Die Nacht ist jung und der Absacker in der *Entenschnackbar* vom *Hotel Hüttmann* in Norddorf am Ende eines perfekten Tages Pflicht. An der Bar unbedingt den frisch gemixten *Golden Cadillac* bestellen und den anderen Gästen beim Schnacken zuhören. **WO?** *Ual Saarepswai 2–6, Norddorf, Amrum* | Tel. 04682/92 20 | www.hotel-huettmann.de

> WASSERSPORT, WANDERN, RADELN

Auf den Inseln und Halligen gibt es für Sportbegeisterte ein reichhaltiges Programm

> Sowohl im Wasser als auch an Land wird Sport auf den Inseln großgeschrieben. Wandern ist der Klassiker – vor allem im Watt. Neu und im Trend: Nordic Walking. Tennis drinnen und draußen kann man auf Föhr und auf Pellworm spielen. Und natürlich reiten, Fahrrad fahren und in den Fluten baden. Sie können aber auch beim *Föhr-Triathlon (www. foehr-triathlon.de)* starten. Einen Überblick über das Angebot geben Ihnen die Veranstaltungskalender vor Ort.

Bild: Strand von Nebel (Amrum)

■ BEACHVOLLEYBALL ■

Amrum: Plätze gibt es in Norddorf und Nebel. *Föhr:* Es gibt in Wyk je zwei Plätze an der Mittelbrücke und am Südstrand sowie einen am Hafen. Auch in Nieblum und Utersum gibt's Netze. *Pellworm:* Am Leuchtturm wurde ein Sandplatz aufgeschüttet.

■ GOLF ■

Zwischen Wyk und Nieblum am Flughafen liegt der sehr schöne *Golf-*

SPORT & AKTIVITÄTEN

Club Föhr e. V. mit 18 Löchern (ab Sommer 2009 27 Löcher). Mitspielen darf, wer den Handicap-Ausweis eines Clubs des Deutschen Golfverbands vorweisen kann *(Greveling 6 | Tel. 04681/58 04 55 | www.golfclub-foehr.de)*.

Für Pellworm- und Nordstrand-Urlauber ist der *Golf Club Husumer Bucht* näher. Auch dieser Platz hat 18 Löcher *(Hohlacker 5 | Schwesing | Tel. 04841/722 38)*.

▪ INLINESKATING ▪

Das Dahingleiten in der schönen Umgebung und auf den gut geteerten Wegen der Inseln und großen Halligen ist ein Vergnügen. Auf Nordstrand ist Inlineskating schon fast zum Volkssport avanciert. Dort wird am Himmelfahrtswochenende der *Vestas-Skating-Marathon* veranstaltet. Die 42,19 km lange Strecke führt u. a. am Beltringharder Koog entlang. Für weniger Trainierte gibt es den

Familienlauf über ca. 16 km. *Infos bei der Kurverwaltung und unter www.nordfriesland-skating.de*

LAUFEN & NORDIC WALKING

Allerorts schießen Lauftreffs wie Pilze aus dem Boden. Auf Amrum gibt es zwei Joggingstrecken (6,5 und 5 km). Wer's gemächlicher mag, der walkt, auch nordisch: Es werden Kurse angeboten auf Nordstrand *(Infos bei der Kurverwaltung)* und Föhr *(Gesa Henschen | Tel. 04683/15 80)*. Auf Föhr kann man mit Ansporn laufen. Etwa beim *Wyker Stadtlauf* im August: 5 km kreuz und quer durch das Hafenstädtchen für jedermann, zwei Runden für die Profis *(Infos: Marianne Clausen | Tel. 04681/ 31 31 | www.jswis.de/foehr/lauftreff)*.

Insider Tipp Wer ein bisschen mehr verträgt, der nimmt zu Pfingsten am *Drei-Insel-Lauf* teil. Die Läufer absolvieren Pfingstsamstag auf Föhr, Pfingstsonntag auf Pellworm und am Pfingstmontag auf Nordstrand je 26 bzw. 37 km Rundstrecke *(Infos u. Anmeldung Tel. 04681/31 31)*.

RADFAHREN

Von Biking zu sprechen, wäre auf den flachen Inseln und Halligen vermessen. Das Fahrrad ist für die meisten Gäste mehr Fortbewegungsmittel als Sportgerät. Auf allen Inseln und Halligen sind Radwege und -touren gut ausgebaut bzw. beschildert. Je nach Windrichtung kann die Fahrt zu einer echten Herausforderung werden. Radwanderkarten gibt es bei den Kurverwaltungen. Räder können Sie überall leihen (ca. 5 Euro pro Tag).

REITEN

Kleine und große Reiter und Reiterinnen können auf allen Inseln in den Sattel steigen.

Amrum: *Reiterhof Andresen* – Unterricht, Ausritte, Voltigieren u. m. *(Norddorf | hinterm Gewerbegebiet | Tel. 04682/16 32). Reiterhof Jensen*

Das Angebot für Pferde- und Ponyfreunde ist groß auf den Inseln

SPORT & AKTIVITÄTEN

– Ausritte, Unterricht, Ponyreiten für kleine Kinder *(Juni–Sept. | Waaster-stigh 6 a | Nebel | Tel. 04682/20 30).*

Föhr: *Reitstall Christiansen* – Unterricht, Ausritte für Anfänger und Fortgeschrittene, Strandritte, Ponyreiten (ganzjährig | Kirchweg 9 | Alkersum | Tel. 04681/33 67 | www.in selgestuet-christiansen.de); Rumpp-Hof* – Weiterbildung für fortgeschrittene Reiter, therapeutisches Reiten u. v. m. *(ganzjährig | Reitweg 13 | Alkersum | Tel. 04681/41 45 | www. rumpp-hof.de).*

Nordstrand, d. h. auf dem Festland, aber nicht weit entfernt: *Vollersen (Heidehof 1 | Horstedtfeld | Tel. 04846/915); Reitstall Klingenburg (Alter Husumer Weg 11 | Wobbenbüllfeld | Tel. 04846/69 32 34).*

Pellworm: Reiten – auch im Watt – und Ponyreiten auf dem *Appelhof (Terminabsprache erbeten | Schulstr. 9 | Tel. 04844/224 | www.appelhof-pellworm.de).* Britta Herbst bietet auf dem *Wattreiterhof* viele pferdesportliche Aktivitäten an *(Süderkoogweg 4 | Tel. 04844/ 99 05 57 | www.wattreiten-wander reiten.de).*

SEGELN

Wer mit dem eigenen Segelboot angeschippert kommt, der findet in den Sportboothäfen von Amrum, Föhr, Pellworm, Langeneß, Hooge und Nordstrand Gastliegeplätze.

Amrum: *Surf- und Segelschule Amrum* – Hobiecat-Vermietung, Ausflüge, Schulung für Ein- und Umsteiger, auch für Kinder *(Mai–Okt. | am Norddorfer Strand | Tel. 0171/484 93 16 | www.surf schule-amrum.de).*

Föhr: Für kleine und größere Touren können Sie im *Ship-Shop* auf dem Hausboot im Föhrer Sportboothafen einen Motorsegler für 6 bis 7 Personen mieten. Wer keinen Sportbootführerschein „See" hat, bucht den Skipper gleich dazu *(Frank Lund | Tel. 04681/606 u. 0179/222 48 01 | franklund@t-online.de). Windsurfing Föhr* – Katamaranvermietung und Schulung, auch für Kinder *(Strandabschnitt 13 | Wyk; und in Utersum | Tel. 0170/900 67 76).*

SURFEN

Amrum: Die Westküste ist ein ideales Revier. Im Sommer finden Wettkämpfe statt (Termine im Veranstaltungskalender). *Surf- und Segelschule Amrum* – Schulung für Anfänger, Fortgeschrittene und Kinder, Verleih, Brettlagerung *(Mai–Okt. | am Norddorfer Strand | Tel. 0171/484 93 16 | www.surfschule-amrum.de).*

Föhr: Die geringe Brandung macht Föhr zu einem guten Revier für Anfänger. Himmelfahrt stellen Windsurfer beim traditionellen *Föhr-Cup* ihr Können unter Beweis *(Nieblumer Surfstrand | Termine im Veranstaltungskalender | Infos: Nieblumer Wassersport-Center | Tel. 04681/ 35 66). Nieblumer WassersportCenter* – Windsurfen und mehr *(am Nieblumer Strand | Tel. 04681/35 66 u. in der Saison 47 66). Windsurfing Föhr* – Verleih, Surfschulen am Wyker Strand (Mai bis Sept.) und am Utersumer Strand (Juni–Aug.) *Strandstr. 23 u. 33 | Wyk | Tel. 04681/58 00 87 u. 0170/900 67 76.*

Nordstrand: Im Surfgebiet Holmer Siel treffen v. a. Anfänger auf gute Bedingungen für ihren Sport.

> MEHR ALS SONNE, WIND UND WASSER

Langeweile kann auf den Inseln in der Nordsee so schnell nicht aufkommen

> Eine Schaufel, einen Haufen Sand und jede Menge Wasser – viel mehr ist nicht nötig, um Kinder hingebungsvoll beschäftigt zu sehen. Föhr mit seinem Watt und der geringen Brandung ist ideal für kleine Kinder; Amrums Kniepsand ist in seiner ganzen Länge für Kinder zu empfehlen.

Auf den Inseln ist man sehr auf Familien mit Kindern eingestellt. Kein Problem also, wenn das Wetter mal zu wünschen übrig lässt. Das Angebot speziell für die ganz jungen Gäste ist umfangreich. Auch auf den kleineren Inseln und Halligen locken die Kurverwaltungen mit kleinen und großen Veranstaltungen. Bei Festen und Events gibt es immer auch extra Angebote für Kinder. Die Schwimmbäder haben besondere Kinderbereiche. Für Jugendliche sind die Sportmöglichkeiten reizvoll. Reiten oder Segeln lässt sich im Urlaub gut erlernen. Und so gut wie alle Eigner und Reedereien (z. B. Adler-Schiffe,

> www.marcopolo.de/amrum-foehr

MIT KINDERN REISEN

„Rungholt", „Hauke Haien", „Störtebeker") haben kindgerechte Schiffsausflüge im Angebot. Prospekte gibt's bei den Touristinformationen.

In Lokalen sind Kinder gern gesehen. Kaum ein Restaurant, ein Café, in dem Hochstuhl und Kindermenü fehlen. Grenzenlose Toleranz herrscht aber nicht überall. Das muss ausdrücklich gesagt werden. Vielerorts wird erwartet, dass sich die kleinen Gäste manierlich benehmen,

nicht über Tische und Bänke turnen oder andere Urlauber stören.

AMRUM

AUSFLUGSFAHRTEN [115 F5]

Drei- bis fünfmal pro Woche sticht die „MS Eilun" in See, um u.a. den Seehundsbänken einen Besuch abzustatten oder ihre Passagiere in die Geheimnisse des Krabbenfangs einzuweihen. Bei allen Fahrten haben aufgeweckte Kids die Möglichkeit,

Wer im Urlaub auf einem Trecker Platz nehmen darf, wird sich stolz daran erinnern

das „Steuermannspatent" zu machen. *Termine in „Amrum aktuell" | Abfahrt am Fähranleger Wittdün | Fahrt 11–14 Euro, Kinder 5–7,50 Euro*

LOLLYPOP, RÄUBERHÖHLE, SCHATZKISTE

Lollypop in Norddorf am Strand [114 C1], die *Räuberhöhle* in Nebel [115 C3], die *Schatzkiste* in Wittdün [115 E5] – in den Veranstaltungsräumen der Amrum Touristik werden Kinder ab 3 Jahren regelmäßig professionell betreut. Sie können z.B. Tiermasken basteln, gemütlich Geschichten lesen oder die Zirkusschule besuchen. Alle Veranstaltungen sind in „Amrum aktuell" abgedruckt.

■ FÖHR

Märchenstunden am Strand, Basteln mit Meeresfunden, Fahrradrallye –

regelmäßige Angebote der Kurverwaltungen sind im Veranstaltungskalender „Was ist los auf Föhr?" aufgeführt.

SEEHUNDSBÄNKE   [116 A2–3]

Ein Schiffsausflug zu den Seehundsbänken ist ein besonderes Erlebnis für die ganze Familie: Sie können zusehen, wie die Seehunde sich auf den Sandbänken in der Sonne aalen, ihre Jungen beschützen und zwischendurch ein Bad nehmen. *Termine unter www.wdr-wyk.de | ab Alte Mole | Wyker Hafen | Fahrt 12,50 Euro, Kinder (4–14 J.) 6,25 Euro*

PIRATENFAHRT   [113 F5]

An Bord der „Störtebeker" erfahren Kinder von drei bis zehn Jahren alles über Piraten. Auf der Fahrt an der Föhrer Küste entlang dürfen sich die Kleinen verkleiden, hören Seeräubergeschichten, lernen etwas über Navigation, Piratengesetze und Knoten und üben sich in Kampfgebrüll – ein Riesenvergnügen. Am Ende gibt's eine Schatzsuche und das Piratenpatent. *Termine bei der Touristik GmbH oder unter www.wdr-wyk.de | ab Alte Mole | Wyker Hafen | Fahrt 13 Euro, Kinder 14 Euro*

■ NORDSTRAND

Es gibt zahlreiche Angebote der Kurverwaltung: Malen, Basteln, Kinderwattwanderungen, Reiten, Skaten und Spielnachmittage. Termine im Veranstaltungskalender.

■ PELLWORM

In der Pellwormer *Kinnerstuv (Anton-Heimreich-Haus | 2 Euro Kind/ Std., Familienrabatt)* können Kinder

MIT KINDERN REISEN

zwischen ca. 5 und 7 Jahren von Ostern bis Oktober zweimal wöchentlich (Di, Do ab 15 Uhr) spielen, basteln und feiern. Termine in „Pellworm heute". Dort finden Sie auch größere Veranstaltungen wie Wattolympiade und Kinderwattwanderungen.

FREIZEITANLAGE KAYDEICH   [116 B5]
Im Sommer wird die Strandkorbhalle zur Multisportarena für Jugendliche. Sie können Inlinehockey spielen, Streetfußball, Tischtennis, Basketball, und in der Hauptsaison gibt's zweimal wöchentlich Kino. *Mitte April–Sept. tgl. 10–21 Uhr | Kaydeich | Tel. 04844/559*

HALLIG HOOGE

KINDERGARTEN   [116 A4]
Hier dürfen auch Gästekinder nach vorheriger Anmeldung vormittags spielen, basteln und mitsingen. *Mo bis Fr 9–12 Uhr | Hanswarft | Tel. 04849/266 | 3 Euro pro Tag*

KRABBENFANGFAHRT   [116 A4]
Auf der „MS Hauke Haien" lernen Kinder (und Erwachsene) das Einmaleins des Krabbenfangs: Netze auswerfen und wieder einholen, fangen, anschauen, kochen, pulen und … essen natürlich. *Die Termine stehen im Veranstaltungskalender „Hooger Flaschenpost" und unter http://wattenmeerfahrten.inselseiten.de | ab Anleger | Fahrt ab 12 J. 12 bis 15 Euro, Kinder unter 12 J. frei*

KINDERKINO   [116 A4]
Im Touristikbüro „Uns Hallig Hus" kann man selbst bei miesester Witterung Spaß haben: Schlechtwetterkino für Kinder, Zeichentrickfilme. *Mo bis Do 14 Uhr | Hanswarft | Spende erbeten*

HALLIG LANGENESS & GRÖDE

AUSFLUGSFAHRTEN   [116 A3]
Kapitän Uwe Petersen bietet Fahrten mit der „MS Rungholt" zu den Seehundsbänken an. Oder er geht mit seinen Gästen auf Seetierfang. Mit dem Muschelsuchnetz fängt er Muscheln, Schnecken, Garnelen, Strandkrabben und Seesterne und erklärt sie den kleinen Passagieren, bevor die Tiere wieder ins Meer gesetzt werden. *Termine und Anmeldung bei der Kurverwaltung oder bei Kapitän Petersen (Tel. 04667/367) | Fahrt 10–15 Euro, Kinder (4–11 J.) 6 bis 7 Euro | www.halligmeerfahrten.de*

Sowieso das Hauptvergnügen in den Ferien: Buddeln und Matschen am Strand

ANREISE

BAHN

Amrum und Föhr: Ohne umzusteigen erreichen Sie von vielen Orten aus von März bis Oktober mit Kurswagen der Deutschen Bahn Dagebüll-Mole. Dort legen die Fähren nach Amrum und Föhr ab. Nordstrand, Pellworm: Mit der Bahn kommen Sie bis Husum. Von dort gibt es mehrmals täglich eine Busverbindung nach Nordstrand.

AUTO

Amrum, Föhr, Langeneß, Hooge, Oland: die Autobahn A 23 bis Heide. Dann auf der B 5 über Husum nach Dagebüll. Der letzte Teil der Strecke führt am Deich entlang und durch die Köge. Am Hauke-Haien-Koog in Schlüttsiel legt die Fähre nach Hooge, Langeneß und Amrum ab. Von Dagebüll geht es per Fähre nach Föhr und Amrum. Außerdem beginnt hier der private Lorendamm nach Oland. Nach Nordstrand sind es von Husum über Schobüll 11 km.

SCHIFF

Ab Dagebüll nach Amrum (2 Std. Fahrzeit) und Föhr (45 Min.). Ab Schlüttsiel nach Hooge (1 Std. 45 Min.), Langeneß (1,5 Std.), Amrum (2 Std. 45 Min.). Ab Nordstrand nach Pellworm (35 Min.).

> WWW.MARCOPOLO.DE

Ihr Reise- und Freizeitportal im Internet!

> Aktuelle multimediale Informationen, Insider-Tipps und Angebote zu Zielen weltweit ... und für Ihre Stadt zu Hause!

> Interaktive Karten mit eingezeichneten Sehenswürdigkeiten, Hotels, Restaurants etc.

> Inspirierende Bilder, Videos, Reportagen

> Kostenloser 14-täglicher MARCO POLO Podcast: Hören Sie sich in ferne Länder und quirlige Metropolen!

> Gewinnspiele mit attraktiven Preisen

> Bewertungen, Tipps und Beiträge von Reisenden in der lebhaften MARCO POLO Community: *Jetzt mitmachen und kostenlos registrieren!*

> Praktische Services wie Routenplaner, Währungsrechner etc.

Abonnieren Sie den kostenlosen MARCO POLO Newsletter ... wir informieren Sie 14-täglich über Neuigkeiten auf marcopolo.de!

Reinklicken und wegträumen!
www.marcopolo.de

> MARCO POLO speziell für Ihr Handy! Zahlreiche Informationen aus den Reiseführern, Stadtpläne mit 100 000 eingezeichneten Zielen, Routenplaner und vieles mehr.
mobile.marcopolo.de (auf dem Handy)
www.marcopolo.de/mobile (Demo und weitere Infos auf der Website)

PRAKTISCHE HINWEISE

AUSKUNFT

NORDSEE-TOURISMUS-SERVICE GMBH
Gastgeberverzeichnisse, Fahrpläne, Kontaktadressen. *Zingel 5 | 25813 Husum | Tel. 01805/06 60 77 | Fax 04841/48 43 | www.nordseetourismus.de*

Hervorragende Auskunft auch vor der Reise bieten die von den Tourismusinformationen der einzelnen Inseln (Adressen s. dort) herausgegebenen Broschüren (zum Teil mit CD).

GELD

Auf den Inseln sind die Banken zu den üblichen Zeiten geöffnet. Amrum und Föhr sind recht gut ausgestattet mit Geldautomaten. Pellworm und Nordstrand haben jeweils zwei Geldautomaten. Auf Hooge und Langeneß können Sie während der Banköffnungszeiten am Automaten Bargeld abheben. Auf Gröde gibt es keine Zahlstelle, auf Oland nur eine Poststelle. Dorthin nehmen Sie das Urlaubsgeld am besten mit oder lassen es sich per Post anweisen.

Beachten sollten Sie, dass in den meisten Restaurants und Geschäften bar zu bezahlen ist. Die ec-Karte wird gerade in Restaurants nicht überall akzeptiert; Kreditkarten meist nirgendwo.

FÄHRVERBINDUNGEN

Die Wyker Dampfschiffs-Reederei, Föhr-Amrum GmbH, kurz W.D.R., betreibt folgende Fährlinien: Dagebüll–Föhr–Amrum und Schlüttsiel–Hooge–Langeneß–Amrum. Von Dagebüll nach Föhr und Amrum gibt es im Sommer bis zu 14 Abfahrten täglich, von Schlüttsiel nach Amrum täglich zwei.

WAS KOSTET WIE VIEL?

KAFFEE	**2,10 EURO**	für eine Tasse
FAHRRAD	**5 EURO**	Miete pro Tag
KUCHEN	**3 EURO**	für ein Stück Friesentorte
STRANDKORB	**6 EURO**	Miete pro Tag auf Föhr
SCHNAPS	**2,10 EURO**	für 0,2 cl Köm
IMBISS	**3,50–4,40 EURO**	für ein Krabbenbrötchen

Hin- und Rückfahrt Dagebüll–Föhr kosten pro Person 12 Euro, nach Amrum 16,90 Euro. PKWs werden nach Länge abgerechnet (so kostet z. B. ein VW Golf nach Föhr und zurück ca. 73 Euro, nach Amrum ca. 85 Euro). Wenn Sie eine Rundreise machen oder einen Zwischenstopp einlegen möchten, wird es billiger, wenn Sie das vor Reiseantritt so buchen. W.D.R. (*Wyker Dampfschiffs-Reede-*

rei) | Am Fähranleger 1 | Wyk | Tel. 04681/800 | KFZ-Buchungen vorzugsweise online unter www.faehre.de oder unter Tel. 01805/08 01 40 oder Fax 04681/801 16

Die Neue Pellwormer Dampfschifffahrts-GmbH betreibt den Liniendienst zwischen dem Hafen Strucklahnungshörn auf Nordstrand und Pellworm, im Sommer mit jeweils fünf bis sechs Abfahrten täglich.

Die Überfahrt kostet für Hin- und Rückfahrt pro Person 10 Euro, für einen PKW von 4200 mm Länge (VW Golf) 75,60 Euro. Der Personenfahrpreis schließt den Bustransfer auf Pellworm vom Hafen zum Kurzentrum und zurück ein. *Neue Pellwormer Dampfschifffahrts-GmbH | Am Hafen | Pellworm | Tel. 04844/753 | Fax 354 | KFZ-Buchungen online unter www.faehre-pellworm.de oder unten den o. g. Nummern*

KFZ-Plätze auf den Fährschiffen sind im Sommer und in den Ferienzeiten oft ausgebucht. Sie sollten in jedem Fall rechtzeitig reservieren.

Bei schwerem Sturm oder vereistem Wattenmeer können die Fähren nicht verkehren. Und manchmal bleiben sie bei stärkerem Ostwind und Niedrigwasser im Wattenmeer stecken, bis auflaufendes Wasser sie wieder flottmacht. Bei „Land unter" können die Halligen nicht angelaufen werden.

■■■ INTERNET ■■■

Sämtliche Touristinformationen haben eigene Websites. Die sind sehr informativ, zuweilen auch optisch glänzend aufgemacht. Die Adressen finden Sie in den Regionenkapiteln.

Weitere nützliche und informative Websites: *www.algenreport.de, www.inselundhalligkonferenz.de, www.schutzstation-wattenmeer.de, www.*

WETTER AUF AMRUM

Jan.	Feb.	März	April	Mai	Juni	Juli	Aug.	Sept.	Okt.	Nov.	Dez.
3	2	5	10	15	18	20	20	17	12	8	5

Tagestemperaturen in °C

-1	-2	0	4	8	11	14	14	12	8	4	1

Nachttemperaturen in °C

2	3	4	6	7	9	7	7	5	3	2	2

Sonnenschein Std./Tag

12	9	8	8	7	7	10	12	12	13	13	13

Niederschlag Tage/Monat

4	3	4	6	10	13	17	17	15	13	9	6

Wassertemperaturen in °C

PRAKTISCHE HINWEISE

amrum-news.de, www.foehr-digital.de, www.wyk2000.de

■ INTERNETCAFÉS ■

Auf den größeren Inseln gibt es Internetpoints, die gegen Gebühr *(3 bis 6 Euro/Std.)* genutzt werden können, z. B. auf

Amrum: *Internetpoint im Restaurant Strandhalle* | Juli/Aug. tgl. 10 bis 20 Uhr; Sept.–Juni Do–Di 11 bis 19 Uhr, Strunwai 44 | Nebel | Tel. 04682/96 15 06 | *www.strandhalle-nebel.de;* ⤵Fl@schenpost beim Hotel Seeblick | tgl. 9–21 Uhr | Strunwai 13 | Norddorf

Föhr: *Henja's Compi-Service* | Mo–Fr 9.30–18.30, Sa 9.30 bis 13.30 Uhr | Kertelheinallee 7 | Nieblum | Tel. 04681/74 86 04; *Surf'n mail* | tgl. 9–22 Uhr | Große Str. 23 | Wyk | Tel. 04681/59 87 20 | *www.surf-n-mail.com*

Pellworm: ⤵*Café Leuchtfeuer* (s. S. 79)

■ KLEIDUNG ■

Auch in den Sommerurlaub sollten Sie Regenjacke und Pullover oder Strickjacke mitnehmen – ein Schauer kommt genauso schnell übers Meer, wie er wieder verschwindet, und bei Wind wird es abends schnell frisch. Ebenso unverzichtbar sind Sonnenbrille, -hut und -creme mit hohem Schutzfaktor – auch wenn es bewölkt ist, ist die Intensität der Sonneneinstrahlung nicht zu unterschätzen.

■ KLIMA ■

Das Wetter auf den Inseln ist erheblich besser als sein Ruf. Der nahe Golfstrom sorgt dafür, dass die Temperaturen im Winter höher sind als auf dem Festland. Völlige Windstille ist selten. Deshalb gibt es kaum drückend schwüle Sommertage und selten Dauerregen, aber mehr sonnige Tage als auf dem Festland.

Im Juni, Juli und August ist Badesaison, auch wenn die Nordsee selten mehr als 18 Grad warm wird. Da wo Sandbänke oder Watten liegen, wird das flache Wasser jedoch viel schneller und stärker erwärmt.

■ KURKARTE ■

Mit Kurkarte bekommen Sie fast überall Ermäßigungen; die Preisangaben in diesem Führer gelten alle für Kurkarteninhaber. Wer auf den Inseln nächtigt, zahlt die Abgabe ohnehin mit der Unterkunft und bekommt die Karte vom Gastgeber. Aber auch für Tagesausflügler lohnt es sich, die Abgabe zu entrichten. Sie schwankt je nach Gemeinde und Saison und beträgt maximal 2,50 Euro pro Tag und Person (mitreisende Kinder bis 18 Jahre frei).

■ ÖFFNUNGSZEITEN ■

In vielen Restaurants sind Essens- und Öffnungszeiten nicht identisch. Rechnen Sie damit, dass die Küche schon ein oder zwei Stunden früher schließt. Die im Band angegebenen Ruhetage beziehen sich zumeist auf Vor- und Nachsaison – im Juli und August ist fast überall jeden Tag Betrieb. Oftmals öffnen sonst geschlossene Restaurants und Geschäfte in der Zeit vom (ca.) 20. Dez. bis 6. Jan.

Viele Geschäfte haben in der Hochsaison auch samstagnachmittags und sonntags geöffnet. Außerhalb der Saison sind viele Geschäfte mittwochnachmittags geschlossen.

Silbermöwen vor dem Amrumer Leuchtturm

> UNTERWEGS AUF AMRUM UND FÖHR

Die Seiteneinteilung für den Reiseatlas finden Sie auf dem hinteren Umschlag dieses Reiseführers

REISE
ATLAS

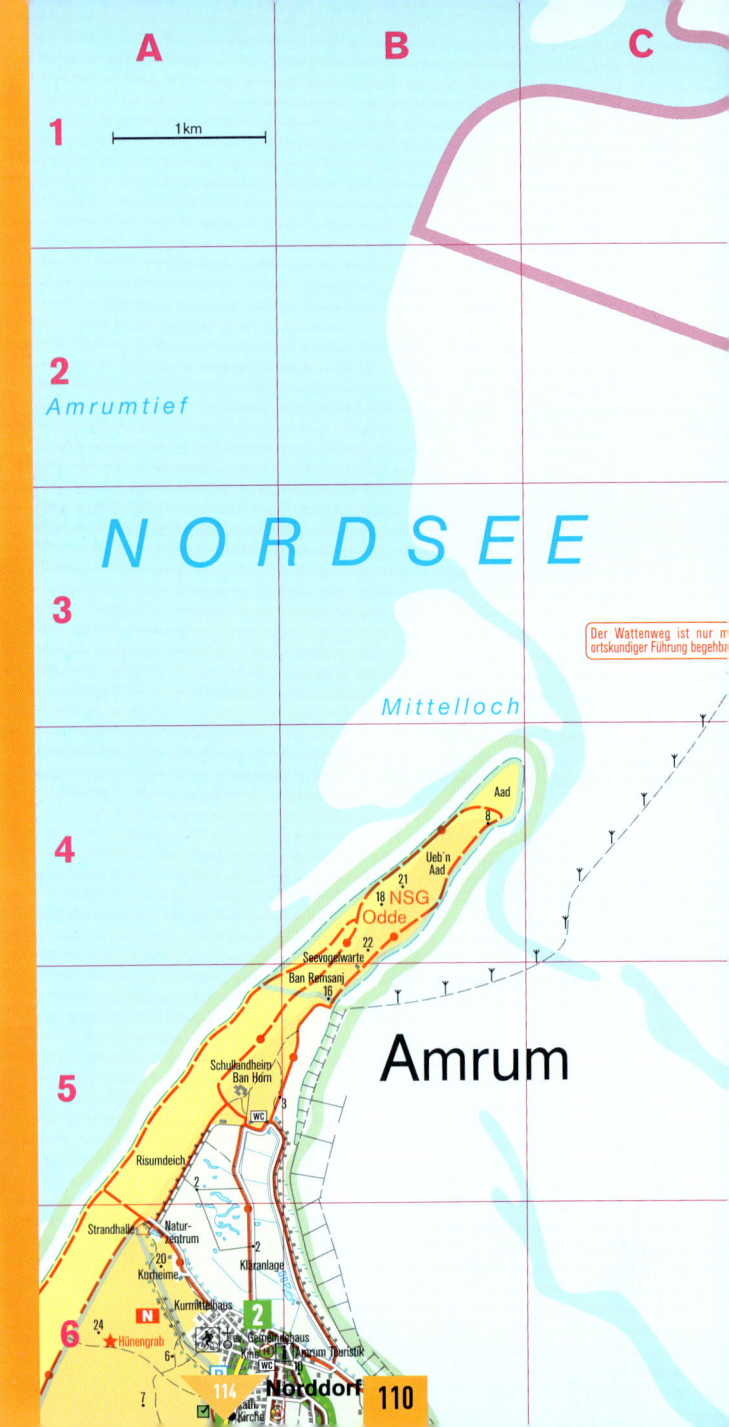

A   **B**   **C**

1   1 km

2

Amrumtief

N O R D S E E

3

Mittelloch

Der Wattenweg ist nur m
ortskundiger Führung begehba

Aad

4   8

Ueb'n
Aad

21

18   **NSG**
Odde

22

Seevogelwarte

Ban Remsani

16

Amrum

5

Schullandheim
Ban Hörn

3

WC

Risumdeich

Strandhalle

Natur-
zentrum

-2

-2

Kläranlage

20   Kurheime

Kurmittelhaus

6   24

★ **Hünengrab**

6

2

Gemeindehaus

Amrum Touristik

WC

Rath

Kirche

114

Norddorf   **110**

7

Nullnutzungsgebiet

Föhrer

Toftumer Vorland
Vogelschutzgebiet
Schöpfwerk
Föhr-Mitte

Midlumer Vorland

Info-Station
Schutzstation
Wattenmeer

Siedlerweg

zu Midlum

zu Oldsum

zu Midlum

zu Alkersum

Westerfleth

Osterfleth

Graf Kanal

Klintum
Toftum

Windmühle

zu Alkersum

W e s t e r

zu Alkersum

zu Borgsum

l a n d

Midlum

O

Ringwall
Lembecksburg
Kulturdenkmal

Borgsumer Vogelkoje
(Entenfanganlage)

Museum Kunst der Westküste

Alker

Kinderspielplatz

Kinderspielplatz

Kl. Borgsum

Borgsum

Windmühle

Kinderspielplatz

Traumstraße

zu Alkersum

Kör
den

Hügelgräber

St. Johannis
(Friesendom)

Nieblum
Kinderspielplatz

Kinderspielplatz

Post

Erweiterung

Bruk

Haus des
Gastes

N

N

FKK-Strand

Golfplatz

Goting
Tinghuum

Osterheide

Bretland

Goting Kliff
Kinderspielplatz

Kedewun

zu Nieblum

Jugend-
und Erholungsheim

Badestrand

112

1 km

1

Devenumer Alte Vogelkoje

Windräder

Windräder

zu Oevenum

erumhof

Ackerumer Vogelkoje

1

1

1

1

2

Devenumer Neue Vogelkoje

Rast

zu Oevenum

Siedlerweg

Walk

3

Boldixumer Vogelkoje

Klääranlage

N

Oevenum
Landwirtschaftsmuseum

t e r l a n d

Friedenseiche

Der Kanal

Hannes Graben

WC

aritätische
erkstätten

WC

Föhr

4

Wrixum

Schöpfwerk

Wasserwerk
Föhr-Ost

Windmühle

Boldixum

Klääranlage

Gewerbegebiet

Sportboothafen

St. Nicolai

Schieß
stand.

Schule und
Sportzentrum

St. Matthei

Zollamt,
Polizei

Jugend
zentrum

Fähranleger

Reederei-Service-Center

5

P

P

P

P

Rathaus
Fundbüro
Mittelbrücke

N

Kindergarten

Carl-Häberlin
Friesenmuseum

R

Kurhaus, Musikpavillon,
Umweltzentrum, Kino, Schach

WYK
auf Föhr

Seglerbrücke

Südstrand

Landschulheim

Kurpark

Kinderheim

Kurmittelhaus

Wellenbad "AquaWyk"

Badestrand

3

ing FKK-Strand

WC

WC

WC

WC

Badestrand

Südstrandbrücke

Amrum, Hooge,
Langeneß

Dagebüll

6

Hünengrab

Kurmittelhaus

N

Gemeindehaus

2

Amrum Touristik

Noxddorf

Kirche

FKK-Strand

Kinderspielplatz

Aussichtsdüne

Ann-

19

NSG

A Sialter

Lunn

K n i e p s a n d

Jogging-Strecke

Quermarkenfeuer

A m r u m e r

20

10

10

Kanshu

18

12

Riesenbett

Steingrab

13

Litorina Kliff

29

Vogelkoje Meerum

Klöwenhugh

A Hörn

12

31

Jogging-Strecke

FKK-Strand

29

24

31

Jogging-Strecke

Skalnastal

D ü n e n

28

15

27

Kattarhugh Wester-

Wasser-werk

14

Neb

3

FKK-Strand

11

22

heide

NSG

P

7

H

K n i e p s a n d

H

Hubschrau-Landepl

Strandhalle

P

21

Kiniepsandhalle

Kinder-Fachklinik

5

Satteldüne

Jogging-Strecke

Badestrand

28

2

Kinderspielplatz

4

8

P

Aussichtsdüne

18

FKK-Strand

5

FKK-Strand

6

1 km

D   **E**   **F**

1

2

111

A m r u m t i e f

Amrum

M i t t e l l o c h s k n o b

3

Haus des Gastes
Amrum Touristik
Clemens
räng-

mühle
etmuseum
Schullandheim

2

Schule
Kliff Ual Anj
Klaffhugh
13

Süddorf
WC
Feuer-
wehr
Esenhugh
P
Landungsbrücke

Steenodde

Hubsand

4

6
Gusskölk
Hügelgrab

rmer
lchtturm
m
Vogelkoje
Klärenlage

P

Seezeichenhafen
Seenotrettungskreuzer
Amrumer Yachtclub
Führ, Dagebüll

17
glieder
16
NSG
5
N
Amrum Badeland
Thalassozentrum
16

Wittdün
Fähranleger
P WC
Post
Nordseehalle
2
Naturk. Infozentrum
WC
Badestrand

5

Nehrungssee
Wriak Hörn
Wriakhörn

iepsand

6

Helgoland
Hooge, Langeneß

Badestrand

A   B   C

Föhr   Schutz-

Nationalpark

zone I

Ackerum

Osterland   Vogelkoje

Midlum   Näshörn

Oevenum

Käsestraße

Alkersum   Wrixum

13   Boldixum   Sankt-Nicolai-Kirche

Nieblum   Friesenmuseum   WYK   auf Föhr   (6)

Amrum

Helgoland (III-X)

Schleswig-

Hunnenswarf   2   Rocheleysand

Nordmarsch-Langeneß   Kirchwarf

Marschnack   Ketelswarf   Bandixwarf

Norderhörn   Neuwarf

Mayenswarf   Tadenswarf   Gröde

Neupeterswarf   Nord-   Langeneß   Tamens-

marsch   Treßberg   warf

Rixwarf   Hilligenley   Gröde-Appelland   Habel

Amrum   **Süderaue**   (III-X)

H   a   l   l   i   g   e

Süderaue

Holsteinisches   Hamburg

Amrum, Sylt   **Schutzzone I**

Westerwarf

Backenswarf   Rummelloch

Lorenzwarf   Kirchwarf   S a n d s h ö r n

Königspesel   Hanswarf

Hooge   Ockenswarf

Pellworm

Bupheverkoog   2

Norder-

Hooger Fähre   mitteldeich   Pellworm-

Norderoog   Wald-   Moordamm   plate

Wester-   husen

mühle   Tammensiel

Mittelster Koog   **Pellworm**

Alte Kirche   Ostersiel

Neue Kirche   Osterhilli

Tammwarf   Westerhilli

Wester-   Oster-   Süder-

schütting   schütting   mitteldeich

Schmer-

hörn   Ochsensand   R u n g h

s a r

Strucklah

Wattenmee

Süderoog   Wester-   Südfall

Wattenweg   steert   **Schutzzone I**

4km   Dwarssiel   Korbbakensand

116

Dagebüldamm   Galm

Dagebüll   Kleise

Dagebüller   Koog   koog

Dagebüll-   Kleisee

hafen   Juliane-Marien-Koo

Dagebüll   Osewoldter   Koog

Broderswarf

Fähre

Hauk

2,5   Speicher

Schlüttsiel

Oland

Oland

Norderoog

Nordstra

Hoo

Rummelloch

KARTENLEGENDE

Bundes- bzw. KFZ-Straße mit Nummer	Hafen, Ankerplatz
Wichtige Hauptstraße	Höhenpunkt
Hauptstraße	Kraftwerk, Staudamm
Nebenstraße	Mühle, Windrad
Straße in Bau/Planung	Information
Fahrweg	Hervorragende Bäume
Straße für Kraftfahrzeuge gesperrt	Campingplatz
Straße für Kraftfahrzeuge gegen Gebühr	Golfplatz, Minigolf
Straßentunnel, -brücke	Tennisplatz, Sportplatz
Karrenweg, Fußweg	Flugplatz, Segelflugplatz
Pfad	Reitstall
Eisenbahn mit Bahnhof	Hallenbad
Nationalpark- bzw. Naturschutzgebietsgrenze	Schwimmbad geheizt, ungeheizt
Ausflüge & Touren	Freibademöglichkeit, Bewachter Badestrand
Wanderweg mit örtlicher Markierung	Schöner Ausblick
Wanderweg	Bootsverleih
Fahrradverleih, Radweg	Gasthof bzw. Hotel (außerhalb des Ortes)
Autofähre	Restaurant, Café ohne Übernachtung (außerhalb des Ortes)
Personenfähre	Schutzhütte, Unterstand
Schifffahrtslinie mit Anlegestelle	Omnibushaltestelle
Kanal mit Schleuse	Unfallstation, Krankenhaus
Kirche im Ort, freistehend	Hünen- bzw. Hügelgrab, Ringwall
Kapelle, Wegkreuz, Gedenkstein	Großsteingrab, Findling
Denkmal, Ehrenmal	Museum
Schloss, Burg	Jugendherberge
Schloss-, Burgruine	Tankstelle
Kloster-, Klosterruine	Parkplatz mit Rundwanderweg
Leuchtturm	Parkplatz, Parkhaus
Aussichtsturm	Quelle, Brunnen
Funk- bzw. Fernsehturm	Meer, Watt

Am Strand von Wyk auf Föhr

REGISTER

In diesem Register sind alle in diesem Führer erwähnten Inseln, Halligen, Orte und Ausflugsziele verzeichnet, außerdem einige zusätzliche Stichworte. Halbfette Seitenzahlen verweisen auf den Haupteintrag, kursive auf ein Foto.

> SCHREIBEN SIE UNS!

Liebe Leserin, lieber Leser,

wir setzen alles daran, Ihnen möglichst aktuelle Informationen mit auf die Reise zu geben. Dennoch schleichen sich manchmal Fehler ein – trotz gründlicher Recherche unserer Autoren/innen. Sie haben sicherlich Verständnis, dass der Verlag dafür keine Haftung übernehmen kann.

Wir freuen uns aber, wenn Sie uns schreiben.

Senden Sie Ihre Post an die MARCO POLO Redaktion, MAIRDUMONT, Postfach 31 51, 73751 Ostfildern, info@marcopolo.de

IMPRESSUM

Titelbild: Leuchtturm (alamy images: tbkmedia.de)
Fotos: alamy images: tbkmedia (1); Föhr Tourismus GmbH (23, 46, 60, 61, 65, 103); © foto-lia.com: Jerome Berquez (15 u.); Burkhard Frantzen (12 o., 12 u., 13 u., 95 M. l., 95 u. r.); HB Verlag: Kluyver (U. l., 3 l., 18, 36, 77), Schwarzbach (3 M., 35, 39, 43, 54, 57, 62/63, 74, 85, 102); O. Heinze (5, 6/7, 8/9, 11, 22/23, 24/25, 28, 28/29, 29, 32, 44/45, 51, 66/67, 071, 72/73, 80/81, 82, 90, 93, 119); Hofmeierei: Jan R. Hinrichsen (14 u.); © iStockphoto.com: Oliver Anlauf (94 u. r.), Don Bayley (14 o.), Steven Miric (15 M.), pamspix (95 o. l.), Dennis Sabo (94 M. l.); Lade: Reupert (U. r.); Laif: Kreuels (100/101), Lengler (96/97); Look: Johaentges (16/17); G. Pump/Nordsee-Tourismus-Service GmbH (26); Quadro Nuevo (13 o.); G. Quedens (U. M., 3 r., 4 r., 20, 27, 30/31, 40/41, 49, 52, 87, 88/89, 98, 108/109); K. Schäfer (68); Schapers: Michael Schapers (15 o.); A. Schuppius (4 l., 59, 123); Schuster: Meier (2 l., 79); A. Sperber (22); M. Strobel (2 r.); Kinka Tadsen (95 M. r.); Andreas Tierling (94 M. r.); Rainer Tödtmann (94 o. l.)

7., aktualisierte Auflage 2009
© MAIRDUMONT GmbH & Co. KG, Ostfildern
Verleger: Stephanie Mair-Huydts; Chefredaktion: Michaela Lienemann, Marion Zorn
Autorin: Barbara Dobrick; Bearbeitung: Arnd M. Schuppius; Redaktion: Ulrike Frühwald
Programmbetreuung: Cornelia Bernhart, Jens Bey; Bildredaktion: Gabriele Forst, Ruth Rehbock
Szene/24h: wunder media, München
Kartografie Reiseatlas: © Kompass-Karten GmbH, A-Rum/Innsbruck/MAIRDUMONT, Ostfildern
Innengestaltung: Zum goldenen Hirschen, Hamburg; Titel/S. 1–3: Factor Product, München

FÜR IHRE NÄCHSTE REISE

gibt es folgende MARCO POLO Titel:

> UNSER INSIDER

MARCO POLO Korrespondent Arnd M. Schuppius im Interview

Arnd M. Schuppius lebt nahe der Nordsee am Nord-Ostsee-Kanal und reist von dort mehrmals im Jahr auf die Nordfriesischen Inseln.

Sie fahren seit 45 Jahren immer wieder nach Föhr und Amrum. Wie kam es dazu?

Schon als kleiner Junge habe ich mit meinen Großeltern die Sommerferien auf Föhr verbracht (anfangs gab es noch keine Autofähren, später konnten gerade mal vier PKWs befördert werden ...). Durch viele weitere Besuche habe ich auf Föhr auch Freunde gefunden, und die Liebe zu dieser Insel hat sich später auf die anderen ausgedehnt.

Was reizt Sie an diesen Inseln?

Z. B. ihre Verschiedenartigkeit. Jede Insel hat ihren eigenen Reiz. Gemeinsam ist ihnen der weite, unverstellte Blick, wenn man am Flutsaum entlangwandert und aufs Meer schaut. Und der Geruch – die Nordsee, gerade das Wattenmeer, hat in jeder Jahreszeit einen ganz eigenen, unverwechselbaren Duft.

Und was gefällt Ihnen dort nicht so?

Eigentlich nur die Tatsache, dass die Insulaner sich für meinen Geschmack viel zu oft uneinig sind, wenn es um die richtige (politische) Strategie zum Erhalt ihrer Inseln und des Wattenmeers geht, die ja von vielen Seiten bedroht sind.

Was machen Sie beruflich?

Ich arbeite freiberuflich als Autor, Lektor und Redakteur für verschiedene Verlage, Zeitschriften und Agenturen.

Wie recherchieren Sie auf den Nordfriesischen Inseln?

Mindestens einmal im Jahr besuche ich jede der Inseln, um immer auf dem neuesten Stand zu sein. So lernt man im Laufe der Jahre eine ganze Reihe von Insulanern kennen, die einen mit Insiderwissen versorgen – auch auf Sylt, wo ich für MARCO POLO den Band „Sylt" aktualisiere.

Was machen Sie in Ihrer Freizeit?

Ich engagiere mich im Naturschutz mit dem Schwerpunkt Ornithologie. Eine meiner Lieblingsbeschäftigungen – zu der ich leider viel zu selten komme – ist es, die von mir beobachteten Vögel dann später mit Buntstift, Aquarell und Feder zu Papier zu bringen.

Mögen Sie die nordfriesische Küche?

Aber ja! Zwar gibt es bei uns im Norden aufgrund der relativ kargen Landschaft nicht diese Vielfalt an Produkten wie z. B. im süddeutschen Raum, dafür hat man hier das Meer vor der Haustür – ein nicht zu unterschätzender Vorteil! Doch trotz Scholle, Krabbe und Miesmuschel bevorzuge ich alle Gerichte, die sich ums Deich- oder Salzwiesenlamm drehen – bis hin zum vorzüglichen Föhrer Schafskäse.

> BLOSS NICHT!

Möwen füttern

Möwen, die sich auf Happen aus Touristenhand spezialisiert haben, kennen keine Zurückhaltung. Wenn Sie ihnen ein Bröckchen hingeworfen haben, müssen Sie damit rechnen, dass die frechen Emmas Sie gleich zu mehreren mit heftigem Geschrei dicht umkreisen. Besonders für Kinder kann das sehr erschreckend sein.

Rücksichtslos Fahrrad fahren

Der „sanfte Tourismus" entlockt den Insulanern immer mal wieder recht unsanfte, aber berechtigte Schimpfkanonaden. Besonders Gruppen verärgern, die nebeneinander radelnd dem Gefühl Ausdruck verleihen, sie allein seien rechtmäßige Straßenbenutzer.

Hunde ohne Leine lassen

Leinenzwang ist keine Schikane. Überall auf den Inseln und Halligen müssen die Vögel – vor allem in der Brutzeit – geschützt werden, und ganze Schafherden geraten leicht in Panik, wenn sich ihnen ein Hund nähert.

Friesenwälle erklettern

Viele Grundstücke sind von niedrigen Feldsteinwällen eingefasst, die einst als Windschutz dienten und das weidende Vieh fernhielten. Benutzen Sie sie nicht als Bank, und lassen Sie Ihre Kinder nicht darauf herumturnen – das kann teuer werden. Die Wälle sind recht instabil, und wenn sich erst mal ein Stein gelockert hat, kann der Wall beim nächsten stärkeren Regen einstürzen.

Bei Ebbe ins Schlauchboot

Gummiboote und Luftmatratzen gehören bei einsetzender Ebbe aufs Trockene. Bei ablandigem Wind wird so ein Gefährt nebst Passagier in Windeseile aufs offene Meer hinausgezogen.

Das Watt unterschätzen

Ganz harmlos wirkt das Watt bei Ebbe und hat deshalb schon manchen Binnenländer, aber auch erfahrene Einheimische das Leben gekostet. Zum einen ist das Watt von Prielen durchzogen, also von starken und teilweise sehr tiefen Wasserströmen. Zum anderen läuft das Flutwasser so rasch auf – und bildet zusätzliche Priele, die ebenfalls eine starke Strömung haben können –, dass unvorsichtige Wattläufer vom Strand abgeschnitten werden können. Wegen der Strömung sollten Sie auch nie in einem Priel baden. Am Ufer kann bei ablaufendem Wasser an einigen Stellen ebenfalls ein starker Sog entstehen. Bevor Sie ins Watt hinausgehen, müssen Sie unbedingt wissen, wann das Wasser wieder aufläuft, und eine Uhr bei sich haben. Gehen Sie nur bei ablaufendem, nie bei auflaufendem Wasser hinaus und niemals in der Dämmerung oder bei drohendem Gewitter oder Nebel! Wenn Sie den Strand verlassen, informieren Sie andere, die notfalls Hilfe organisieren können.